Sachtexte schreiben

Das Rundum-sorglos-Paket für die Grundschule

Ricarda Dransmann
Svenja Sölter

Mit Anleitungen, Checklisten, Übungen, Klassenarbeiten & Vorlagen für eine transparente Bewertung

Verlag an der Ruhr

Impressum

Titel
Sachtexte schreiben
Das Rundum-sorglos-Paket für die Grundschule
Mit Anleitungen, Checklisten, Übungen, Klassenarbeiten & Vorlagen für eine transparente Bewertung

Autorinnen
Ricarda Dransmann und Svenja Sölter

Umschlagmotive
Paket, Paketanhänger: © david_franklin – Fotolia.com
Illustrationen auf Paket: Anja Boretzki

Druck
Heenemann GmbH & Co. KG, Berlin, DE

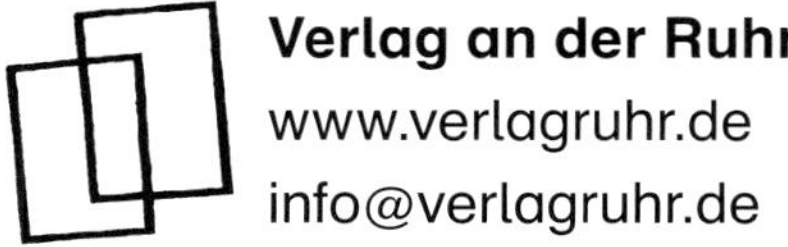

Verlag an der Ruhr
www.verlagruhr.de
info@verlagruhr.de

Geeignet für die Klassen 3/4

Nachdruck 2025

ISBN 978-3-8346-3583-9

PEFC-zertifiziert
Dieses Produkt stammt aus nachhaltig bewirtschafteten Wäldern
www.pefc.de

Inhaltsverzeichnis

Inhaltsverzeichnis

Inhaltsverzeichnis

Vorwort

Das **Bewerten von Sachtexten** ist keine leichte Angelegenheit. Um fair vorzugehen, müssen einige Punkte beachtet werden: Neben einem strukturierten Unterricht ist es von großer Bedeutung, die Leistungsbewertung für die Schüler* möglichst transparent zu gestalten. Die Schüler erhalten dadurch Sicherheit in ihrem Schreibprozess und bauen eventuell vorhandene Schreibblockaden ab.

Wie soll der Text aufgebaut sein? Welche Punkte müssen angesprochen werden? Antwort auf diese zentralen Fragen gibt ein **Kriterienkatalog**. Dieser unterstützt die Schüler beim Schreiben ihrer Texte und dient gleichzeitig der transparenten Leistungsbewertung. Bevor jedoch mit dem Bewerten begonnen werden kann, sollten die Schüler umfassend und gründlich auf das Verfassen von Texten vorbereitet werden.

In diesem Band finden Sie **einheitlich und übersichtlich aufgebaute Übungsreihen** zum Schreiben von Sachtexten. Folgende Textsorten werden dabei behandelt:

- ▷ **Brief**
- ▷ **Personenbeschreibung**
- ▷ **Gegenstandsbeschreibung**
- ▷ **Vorgangsbeschreibung**
- ▷ **Rezept**
- ▷ **Lexikoneintrag**
- ▷ **Zeitungsbericht**

Alle Seiten in diesem Band können Sie als **Kopiervorlage** schnell und unkompliziert in Ihrem Unterricht einsetzen. Hier finden sich u. a. auch allgemeine Hilfen zum Verfassen von Texten, die Sie für die Schüler als Plakat vergrößern oder direkt als Kopie austeilen können.

Zum Aufbau der Übungsreihen

Die Kapitel in diesem Band sind weitgehend gleich aufgebaut. Sie beinhalten die folgenden Bausteine:

Beispieltexte

Zu Beginn jeder Themenreihe erhalten die Schüler **zwei Beispieltexte** – einen guten und einen schlechten –, die sie miteinander vergleichen. Dabei erarbeiten sie erste Kriterien für die jeweilige Textsorte und bekommen ein Gefühl dafür, was einen gut geschriebenen Text ausmacht und worauf sie beim Verfassen eigener Texte achten müssen.
Bitte beachten Sie, dass je nach Komplexität des Themas nicht schon zu Beginn alle Kriterien eingeführt werden, um die Schüler nicht zu überfordern.

Tafelkarten

Mit Hilfe der Karten können an der Tafel die zuvor erarbeiteten Kriterien einer Textsorte gesammelt und festgehalten werden. Sie dienen den Schülern während des Schreibprozesses als **visuelle Unterstützung und Erinnerungshilfe**. Die Tafelkarten können auch bei der **Besprechung eigener Texte** eingesetzt werden: Während ein Schüler seinen Text vorliest, werden alle darin berücksichtigten Kriterien an der Tafel abgehakt. Sollten die Texte im Sitzkreis besprochen werden, verteilen Sie die Tafelkarten einfach an die Schüler. Immer dann, wenn ein Kriterium erfüllt ist, wird die entsprechende Karte in die Mitte gelegt. Am Ende haben die Schüler eine wunderbare Kontrolle darüber, ob alle Schreibkriterien beachtet wurden, und können so dem Autor des Textes ggf. Tipps für die Weiterarbeit geben.

** Der Verlag an der Ruhr legt großen Wert auf eine geschlechtergerechte und inklusive Sprache. Seit 2019 nutzen wir daher das Gendersternchen oder neutrale Formulierungen, um alle Menschen unabhängig von Geschlecht oder Geschlechtsidentität einzuschließen. In Texten für Schüler*innen finden sich aus didaktischen Gründen neutrale Begriffe bzw. Doppelformen. Titel, wie dieser, die erstmalig vor 2019 erschienen sind, enthalten noch das generische Maskulinum.*

Vorwort

Hosentaschen-Buch

Das Hosentaschen-Buch (siehe Faltanleitung S. 16) enthält **umfangreiches Wortmaterial und Hilfestellungen zum Aufbau der jeweiligen Textform**. Weisen Sie die Schüler immer wieder darauf hin, ihr Hosentaschen-Buch während des Schreibprozesses zu nutzen.
Im Hinblick auf leistungsschwache Schüler ist es ggf. sinnvoll, das Hosentaschen-Buch auch im Rahmen einer Klassenarbeit einzusetzen. Das Hosentaschen-Buch kann im Fach des Schülers sowie in dessen Federmappe oder Schultasche aufbewahrt werden.

Spezielle Übungen

Spezielle Übungen ermöglichen es den Schülern, die zuvor erarbeiteten **Kriterien einer Textsorte zu wiederholen und zu festigen**. Außerdem wird den Schülern dabei vor Augen geführt, wie wichtig die Kriterien auch für das Verfassen eigener Texte sind.
Die Übungen lassen sich teilweise auf andere Textsorten übertragen.

Texte verfassen

Schließlich versuchen sich die Schüler an **eigenen Texten**, bei denen sie die Kriterien für die jeweilige Textsorte berücksichtigen. Die Übungen bauen vom Schwierigkeitsgrad her aufeinander auf, sodass die Schüler ihre Kompetenz beim Verfassen eigener Texte schrittweise ausbauen können.

Checkliste

Die Checkliste kann von den Schülern während des Schreibprozesses und danach zur **Selbstkontrolle** genutzt werden – ggf. auch während einer Klassenarbeit. Sie dient ihnen neben dem Hosentaschen-Buch als wertvolle Unterstützung beim Verfassen eigener Texte.
In der Checkliste sind noch einmal alle wichtigen **Kriterien zur Textproduktion** aufgeführt und in drei Abschnitte unterteilt: Inhalt, sprachliche Gestaltung, äußere Form. Wir empfehlen, die Checkliste im Klassensatz nach dem Kopieren zu laminieren, sodass sie von den Schülern mit einem Folienstift beliebig oft beschrieben werden kann (alternativ können Sie hierfür auch eine Klarsichtfolie verwenden).
Mit Hilfe der Checkliste können die Schüler ihre Texte eigenständig oder gemeinsam mit einem Partner **überprüfen und überarbeiten**. Nutzen Sie die Checklisten, um mit den Schülern über ihre Texte ins Gespräch zu kommen und sie bei ihrer Selbsteinschätzung zu unterstützen. Die Checkliste ist zudem identisch mit dem Beurteilungsbogen der Klassenarbeiten, sodass eine transparente Leistungsbeurteilung ermöglicht wird.

Schreibkonferenz

Ziel der Schreibkonferenz ist es, einen eigenen **Text gemeinsam in der Kleingruppe (3–4 Schüler) zu überarbeiten** und zu verbessern. Dabei liest ein Schüler seinen Text vor. Seine Mitschüler hören aufmerksam zu.
Anschließend wird der Text gemeinsam besprochen. Die Mitschüler erteilen Lob und konstruktive Kritik und machen ggf. Verbesserungsvorschläge. Diese notieren sie auf dem Arbeitsblatt mit den Kontrollfragen.

Abb.: Anja Boretzki

Vorwort

Nachdem alle Texte der Gruppenmitglieder auf diese Weise besprochen wurden, überarbeitet jeder Schüler seinen Text auf Grundlage der zuvor erhaltenen Rückmeldungen.

Klassenarbeit

Zum Abschluss jeder Reihe liegt eine ausgearbeitete Klassenarbeit vor, die von den Schülern **innerhalb einer Schulstunde** bearbeitet werden kann. Entscheiden Sie, ob die Schüler ihre Checkliste und/oder ihr Hosentaschen-Buch als Hilfestellung verwenden dürfen.
Unsere Empfehlung geht jedoch dahin, dass von den Schülern zumindest die Checkliste für die Texterstellung verwendet werden darf.

Beurteilungsbogen

Mit Hilfe des Beurteilungsbogens geben Sie den Schülern eine **detaillierte Rückmeldung** zu ihrem Text. Wir haben bewusst auf ein Punktesystem zur Auswertung verzichtet, um etwas mehr Freiraum beim Bewerten der Aufsätze zu gewährleisten. Wenn Sie die Schülertexte anhand eines Punktesystems bewerten möchten, empfehlen wir folgende **Punktevergabe**:

= **3** Punkte

= **1** Punkt

= **2** Punkte

= **0** Punkte

Bei der Punktevergabe können Sie einzelne Aspekte, die Ihnen besonders wichtig erscheinen, doppelt bzw. individuell gewichten.

Wir wünschen Ihnen viel Spaß und Erfolg mit unserem Rundlos-sorglos-Paket zum Thema „Sachtexte verfassen".

Ricarda Dransmann & Svenja Sölter

Abb.: Anja Boretzki

Allgemeine Schreibhilfen

Abb.: Anja Boretzki

Verschiedene Satzanfänge
machen Texte interessanter.

Zeitspannen

während, in der Zwischenzeit, in dieser Zeit ...

Tageszeiten

morgens, am Morgen, nach dem Aufstehen ...

mittags, in der Mittagszeit, nach dem Mittagessen, nachmittags, am Nachmittag ...

abends, in der Nacht, nach Sonnenuntergang ...

Zeitpunkte

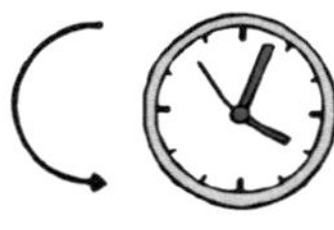

bevor, zuerst, als Erstes, neulich, gestern, früher, damals ...

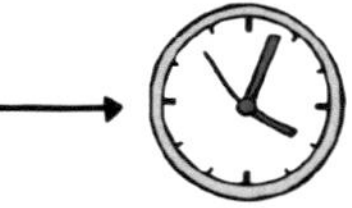

jetzt, nun, sofort, in diesem Moment, gerade als ...

danach, dann, nachdem, darauf, als Nächstes ...

Abb.: Anja Boretzki

Wortfeld „sagen“

Benutze verschiedene Ausdrücke für „sagen“!

reden
sprechen
berichten
meinen
vorschlagen
fragen

antworten
erwidern
widersprechen
entgegnen

verschiedene Lautstärken

↓

flüstern, murmeln, wispern, tuscheln, zischen, reden, rufen, schreien, brüllen, kreischen

verschiedene Gefühle

↓

singen, jubeln, schluchzen, heulen, jammern, schimpfen, meckern, zetern

Abb.: Anja Boretzki

Wortfeld „gehen“

Benutze verschiedene Ausdrücke für „gehen“!

wandern, spazieren, schlendern, laufen, marschieren

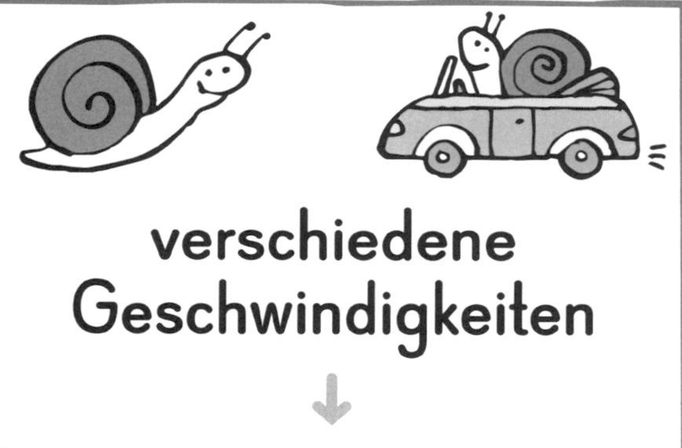

verschiedene Geschwindigkeiten

↓

schleichen, kriechen, trödeln, bummeln, sausen, flitzen, rennen, rasen

besonderes Gehen

↓

stolzieren, schreiten, hinken, torkeln, stampfen, trampeln, watscheln, hüpfen

Abb.: Anja Boretzki

Wortfeld „sehen“

Benutze verschiedene Ausdrücke für „sehen“!

schauen
gucken
betrachten
erblicken
anblicken
mustern

zuschauen

↓

beobachten
glotzen
verfolgen
gaffen
starren

besonderes Sehen

↓

schielen
blinzeln
zwinkern
anhimmeln
bestaunen

Abb.: Anja Boretzki

 ISBN 978-3-8346-3583-9 | www.verlagruhr.de

Wortfeld „machen"

Benutze verschiedene Ausdrücke für „machen"!

handeln, arbeiten,
beschäftigen, erledigen,
unternehmen, reparieren,
etwas erschaffen

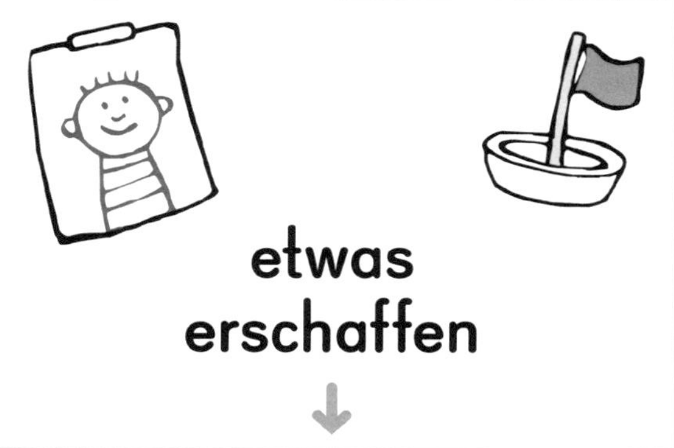

etwas erschaffen
↓

herstellen
anfertigen
bauen
aufbauen
erfinden

etwas kaputt machen
↓

zerstören
demolieren
vernichten
verwüsten
zerbrechen

Abb.: Anja Boretzki

Unregelmäßige Verben

Grundform	Präsens (Gegenwart)	Präteritum (1. Vergangenheit)	Perfekt (2. Vergangenheit)
gehen	ich gehe du gehst er, sie, es geht wir gehen ihr geht sie gehen	ich ging du gingst er, sie, es ging wir gingen ihr gingt sie gingen	ich bin gegangen du bist gegangen er, sie, es ist gegangen wir sind gegangen ihr seid gegangen sie sind gegangen
haben	ich habe du hast er, sie, es hat wir haben ihr habt sie haben	ich hatte du hattest er, sie, es hatte wir hatten ihr hattet sie hatten	ich habe gehabt du hast gehabt er, sie, es hat gehabt wir haben gehabt ihr habt gehabt sie haben gehabt
sehen	ich sehe du siehst er, sie, es sieht wir sehen ihr seht sie sehen	ich sah du sahst er, sie, es sah wir sahen ihr saht sie sahen	ich habe gesehen du hast gesehen er, sie, es hat gesehen wir haben gesehen ihr habt gesehen sie haben gesehen
geben	ich gebe du gibst er, sie, es gibt wir geben ihr gebt sie geben	ich gab du gabst er, sie, es gab wir gaben ihr gabt sie gaben	ich habe gegeben du hast gegeben er, sie, es hat gegeben wir haben gegeben ihr habt gegeben sie haben gegeben
nehmen	ich nehme du nimmst er, sie, es nimmt wir nehmen ihr nehmt sie nehmen	ich nahm du nahmst er, sie, es nahm wir nahmen ihr nahmt sie nahmen	ich habe genommen du hast genommen er, sie, es hat genommen wir haben genommen ihr habt genommen sie haben genommen
sein	ich bin du bist er, sie, es ist wir sind ihr seid sie sind	ich war du warst er, sie, es war wir waren ihr wart sie waren	ich bin gewesen du bist gewesen er, sie, er ist gewesen wir sind gewesen ihr seid gewesen sie sind gewesen

Faltanleitung „Hosentaschen-Buch“

Klingt komplizierter, als es ist!

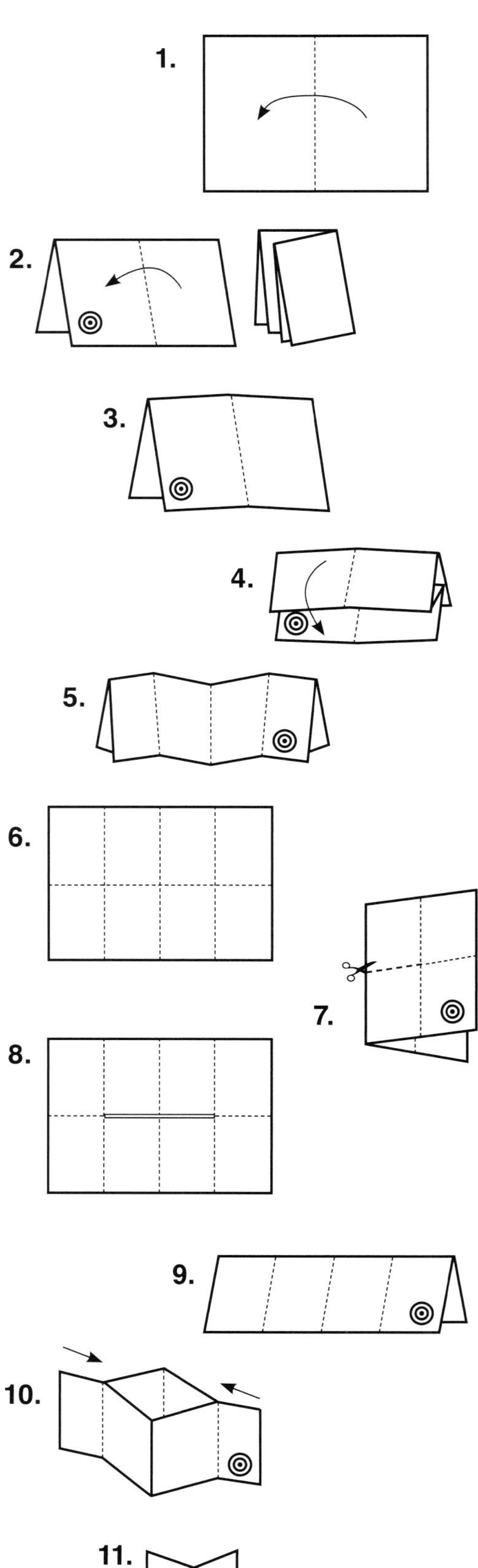

1. Schneide das Büchlein entlang der gestrichelten Linie aus. Lege das Blatt mit der bedruckten Seite nach unten quer vor dich hin. Falte das Blatt in der Mitte. Lege dazu die rechte Kante auf die linke.
2. Drehe das Blatt wieder ins Querformat, mit der Öffnung nach unten. Falte es wieder in der Mitte, mit der rechten Kante auf die linke.
3. Falte das Blatt einmal wieder auf, die Öffnung ist immer noch unten.
4. Falte nun die Oberkante auf die Unterkante. Klappe dann das Blatt wieder ganz auf und lege es im Querformat vor dich hin.
5. Falte nun die Oberkante auf die Unterkante. Falte die Felder zu einer Zickzacklinie.
6. Falte das Blatt wieder auf, sodass acht senkrechte Felder zu sehen sind. Die bedruckte Seite ist wieder unten.
7. Falte den linken Seitenrand auf den rechten. Schneide die Falte in der Mitte entlang der gestrichelten Linie ein.
8. Falte das Blatt mit der bedruckten Seite nach unten auf. In der Mitte ist ein waagerechter Schlitz zu sehen.
9. Falte den oberen Seitenrand auf den unteren.
10. Schiebe den linken und den rechten Seitenrand gegeneinander, sodass sich in der Mitte ein Viereck öffnet.
11. Schiebe die Seitenränder weiter zur Mitte, bis die Oberkanten ein Kreuz bilden.
12. Nimm zwei angrenzende Seiten und falte sie so um, dass die anderen innen liegen und das Titelbild obenauf liegt.

Nun kannst du dein Büchlein lesen und gestalten. Viel Spaß!

© Verlag an der Ruhr | Autorinnen: R. Dransmann, S. Sölter | ISBN 978-3-8346-3583-9 | www.verlagruhr.de

Brief

Abb.: Anja Boretzki

Gelungen oder nicht?

1. Lies die beiden Briefe.

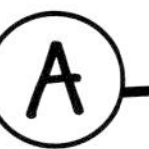

Bonn, 21.03.2017

Lieber Luca,

danke für deinen Brief. Ich habe mich sehr darüber gefreut. Schön zu hören, dass es dir in deiner neuen Schule gefällt. Mir geht es auch gut. Ich hoffe, dass du schon viele neue Freunde gefunden hast.

Es wäre toll, wenn wir uns demnächst mal treffen könnten. Ein Besuch im Schwimmbad mit dir wäre prima! Vielleicht kannst du am kommenden Sonntag?

Ich würde mich sehr freuen, wenn wir uns schon bald wiedersehen könnten.
Ruf mich doch bitte mal an.

Ganz liebe Grüße
Dein Anton

PS: Meine neue Nummer ist:
05221/1234567

B

Hallo!

Mir geht es gut. Wie geht es dir? Wollen wir uns demnächst treffen und ins Schwimmbad gehen? Du kannst mich ja mal anrufen.

Tschüss

2. Welcher Brief hat dir besser gefallen? Begründe.

....

....

....

....

....

Brief

Briefkopf

(Ort, Datum)

Brief

Grußformel & Anrede

Brief

Brieftext

Brief

Grußformel & Absender

Brief

PS

Hosentaschen-Buch

Mein Hosentaschen-Buch

Brief

Karl Kröte
Im Sumpf 12
54321 Schwimmingen

Friedrich Frosch
Am Teich 13
12345 Forstwald

Name: ....

Der Briefkopf

Schreibe **Ort** und **Datum** in die rechte obere Ecke deines Briefes.

Beispiel:

Ulm, 8. März 2017

Anrede & Grußformel

Nach der Anrede kommt ein Komma und du schreibst klein weiter.

Bei Personen, die du <u>gut</u> kennst:

- *Lieber Max, .../Hallo Lasse, .../Hi Tina, ...*

Bei Personen, die du <u>nicht gut</u> kennst:

- *Sehr geehrte Frau Müller, .../Hallo Herr Müller, ...*

Brieftext

- *Bedanke dich, wenn du vorher einen Brief bekommen hast.*
- *Beantworte Fragen, die dir gestellt wurden.*
- *Schreibe von deinen Erlebnissen und Plänen.*
- *Stelle eine oder mehrere neue Fragen.*
- *Vereinbare eventuell eine Verabredung.*

Schlusssatz

Der letzte Satz beschreibt oft ein Ereignis in der Zukunft.

Beispiele:

- *Ich freue mich schon, von dir zu hören.*
- *Ich freue mich auf deinen Brief.*
- *Bitte schreibe schnell zurück.*
- *Ich freue mich auf ein Treffen mit dir.*

Grußformel

Zum **Schluss** verabschiedest du dich mit einer Grußformel. Danach folgt kein Satzzeichen.

Beispiele:

- *Herzliche/Liebe/Viele/Freundliche Grüße*
- *Alles Liebe*
- *Bis bald*

Unterschrift/Absender

Setze unter die Grußformel deine Unterschrift. Auch bei Briefen, die du am Computer schreibst, unterschreibst du **per Hand**.

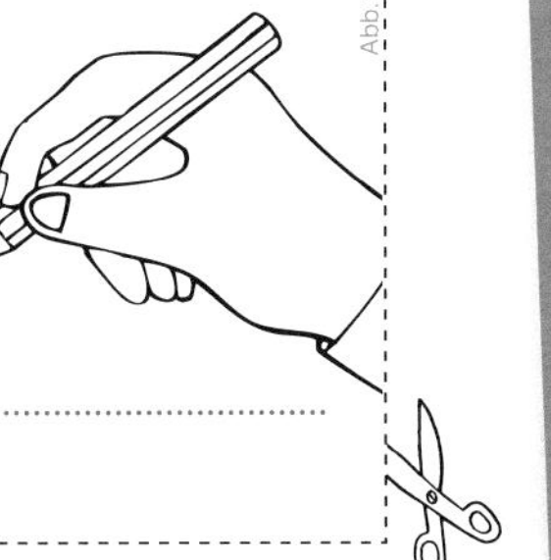

Abb.: Anja Boretzki

....
Unterschrift

PS

Du hast zum Schluss noch etwas vergessen? Macht nichts! Dafür gibt es das **Post Scriptum (PS)**. Das ist Lateinisch und bedeutet „das danach Geschriebene“.

Beispiel:

PS: Grüße deine Eltern von mir!

Abb.: Anja Boretzki

© Verlag an der Ruhr | Autorinnen: R. Dransmann, S. Sölter | ISBN 978-3-8346-3583-9 | www.verlagruhr.de

Aufbau eines Briefes

1. Lies genau. Markiere die Bestandteile des Briefs in unterschiedlichen Farben.

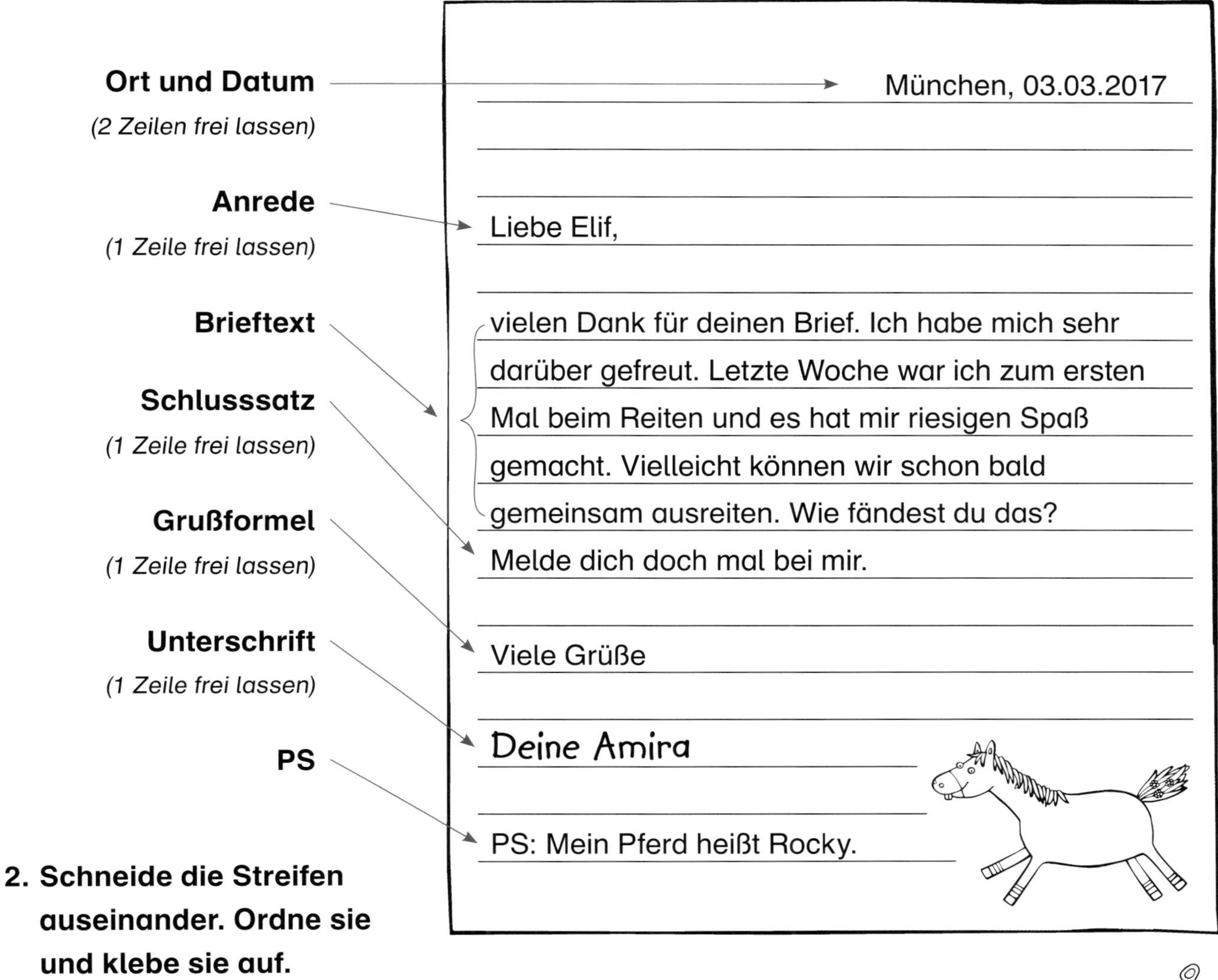

2. Schneide die Streifen auseinander. Ordne sie und klebe sie auf.

Ich freue mich schon, von dir zu hören und dich hoffentlich bald zu sehen.

Ganz liebe Grüße

Dein Paul

PS: Freust du dich auch schon so auf Weihnachten wie ich?

Berlin, 12.12.2016

wie geht es dir? Mir geht es gut. Bald sind Ferien und meine Eltern und ich fahren in die Berge zum Skifahren. Was machst du in den Ferien? Können wir uns vielleicht einmal treffen?

Hallo Till,

Aufbau eines Briefes

Ordne richtig zu und fülle die Tabelle aus.

Liebe Frau Nowak,

Lieber Tom,

Liebe Grüße

Deine Olga

Hamburg, 23.10.2016

Dein Igor

Herzliche Grüße

Frankfurt, 03.03.2015

Düsseldorf, 17.02.2014

Sehr geehrte Frau Demir,

Bis bald

Ich hoffe, dass wir uns bald wiedersehen!

Sarah Taub

Alles Liebe

Sehr geehrter Herr Schulze,

Mit freundlichen Grüßen

Schreibe bald zurück.

Ich freue mich auf Ihre Antwort.

Hallo Amir,

Dein Bruder Vincent

Ort, Datum	....
Grußformel/ Anrede	....
Schlusssatz	....
Grußformel	....
Unterschrift/ Absender	....

Abb.: Anja Boretzki

© Verlag an der Ruhr | Autorinnen: R. Dransmann, S. Sölter | ISBN 978-3-8346-3583-9 | www.verlagruhr.de

Aufbau eines Briefes

1. Schreibe einen eigenen Brief. Suche dir dafür die passenden Bausteine aus. Denke an die Unterschrift.
2. Kennzeichne die Bestandteile eines Briefes in unterschiedlichen Farben.

....

....,

....

....

....

....

....

....

....

....

....

....

....

....

Ort und Datum

Kiel, 13.04.2017

Anrede

Liebe …,

Lieber …,

Liebe Frau …,

Lieber Herr …,

Brieftext

Geburtstag

Ferien

Hobbys

Grußformel

Viele Grüße

Alles Liebe

Bis bald

Höfliche Anrede

Erwachsene, die du nicht gut kennst, sprichst du mit „**Sie**“ an. Das heißt, sie werden „**gesiezt**“. In Briefen schreibst du die Anredepronomen groß.

Beispiel: *Hallo Herr Müller, schön, **S**ie zu sehen. Wie geht es **I**hnen?*

Fülle die Lücken. Achte auf die Groß- und Kleinschreibung.

Frankfurt, 23.04.2017

Liebe Frau Botha,

vielen Dank, dass .... (Sie/sie) uns beim Zoobesuch .... (Ihre/ihre) Tiere gezeigt haben. Die Rallye, die .... (Sie/sie) für uns vorbereitet hatten, machte uns großen Spaß, obwohl .... (Sie/sie) ganz schön schwer war. Toll war auch, dass .... (Sie/sie) uns so viel von .... (Ihrem/ihrem) Lieblingstier, dem weißen Tiger, erzählt haben. Das war wirklich spannend und wir möchten gern wissen, wie es .... (Ihrem/ihrem) Tiger geht. Wir würden uns freuen, wenn wir .... (Sie/sie) und .... (Ihren/ihren) Tiger nächstes Jahr noch einmal besuchen dürften.

Viele Grüße

.... (Ihre/ihre) Klasse 3b

Einen Briefumschlag beschriften

Beim Beschriften eines **Briefumschlags** musst du bestimmte Regeln einhalten, damit er auch beim Empfänger ankommt. Er ist in **3 Felder** unterteilt: **Empfänger**, **Absender**, **Briefmarke**.

1. Kennzeichne den Absender gelb, den Empfänger rot und die Briefmarke grün.

Briefmarke
Damit bezahlst du für den Versand des Briefes.

Absender
Das ist die Person, die den Brief verschickt. Der Absender kann auch auf der Rückseite des Briefumschlags stehen.

Karl Kröte
Im Sumpf 12
54321 Schwimmingen

55

Friedrich Frosch
Am Teich 13
12345 Forstwald

Empfänger
Das ist die Person, die den Brief erhalten soll.

2. Eine Adresse besteht aus drei Zeilen, wenn du einen Brief innerhalb Deutschlands verschickst. Trage deine Adresse wie im Beispiel oben richtig ein.

....
Vorname Name

....
Straße Hausnummer

....
Postleitzahl Wohnort

Einen Briefumschlag beschriften

1. **Marie möchte ihrem Freund Adrian einen Brief schreiben. Hilf ihr, den Briefumschlag richtig zu beschriften.**
2. **Zeichne die Briefmarke an der richtigen Stelle ein.**

Amselweg 123
Marie Muth
53721 Siegburg

54552 Beinhausen
Adrian Radu
Tannenweg 5

....
....
....

....
....
....

3. **Beschrifte diesen Briefumschlag mit deiner Adresse. Wähle einen Mitschüler als Empfänger und gib auch seine Adresse an.**

....
....
....

....
....
....

Briefe: Magnus Siemens; alle anderen Abb.: Anja Boretzki

Ideensammlung zum Briefeschreiben

Schreibe einen kurzen Brief an eine Person deiner Wahl (zum Beispiel: Eltern, Großeltern, Freunde …). Wähle ein Thema, über das du schreiben möchtest.

Fragezeichen: © Verlag an der Ruhr; alle anderen Abb.: Anja Boretzki

Briefpapier

Karl Kröte
Im Sumpf 12
54321 Schwimmingen

55

Friedrich Frosch
Am Teich 13
12345 Forstwald

55

Checkliste „Brief"

Name: ....

Bewertung

Kriterien	Sonne	Sonne mit Wolke	Wolke	Regenwolke
1. Inhalt				
Ich habe **Ort** und **Datum** rechts oben in der Ecke notiert.				
Ich habe eine **passende Begrüßung** geschrieben.				
Ich habe auf den vorherigen Brief reagiert und einen **passenden, nicht zu kurzen Brieftext** geschrieben.				
Ich habe eine **Frage** gestellt.				
Ich habe einen **passenden Schlusssatz** geschrieben.				
Ich habe eine **passende Grußformel** notiert.				
Ich habe meine **Unterschrift** an die richtige Stelle geschrieben.				
Ich habe sogar ein **sinnvolles PS** geschrieben.				
2. Sprachliche Gestaltung				
Ich habe in klar **abgegrenzten Sätzen** geschrieben (Satzzeichen).				
Ich habe die richtige Ansprache gewählt und die Person **„geduzt"** oder **„gesiezt"**.				
Mein Brief ist **abwechslungsreich** und **interessant**.				
3. Äußere Form				
Ich habe auf die **Rechtschreibung** geachtet (Wörterbuch).				
Ich habe den Text **gut lesbar** und **sauber** aufgeschrieben.				
Ich habe die **Zeilenabstände** eingehalten.				
Ich habe den **Umschlag** richtig und vollständig beschriftet.				

Darauf muss ich beim nächsten Mal achten: ....

....

....

Abb.: Anja Boretzki

Schreibkonferenz „Brief"

1. Lies deinen Brief in der Schreibkonferenz vor. Deine Mitschüler hören aufmerksam zu.

2. Besprecht die Kontrollfragen und bewertet den Text gemeinsam.

Name: ....

Kontrollfragen	*Bewertung* (Sonne)	(Sonne mit Wolke)	(Wolke)	(Regenwolke)
Habe ich **Ort** und **Datum** richtig notiert?				
Habe ich eine **passende Begrüßung** gewählt?				
Habe ich auf den vorherigen Brief reagiert und einen **passenden, nicht zu kurzen Brieftext** verfasst?				
Habe ich auf eine **vorherige Frage** geantwortet?				
Habe ich eine **neue Frage** gestellt?				
Habe ich einen **passenden Schlusssatz** geschrieben?				
Habe ich eine **passende Grußformel** und meine **Unterschrift** notiert?				
Habe ich in klar **abgegrenzten Sätzen** geschrieben (Satzzeichen)?				
Habe ich die richtige **Ansprache** gewählt?				
Ist mein Brief **abwechslungsreich** und **interessant**?				
Ist mein Brief **verständlich**?				

3. Schreibe hier die Tipps auf, die du von deinen Mitschülern erhalten hast.

....

....

....

Abb.: Anja Boretzki

Klassenarbeit „Brief"

Name:	Datum:

1. Lies den Brief.

Florida, 14.07.2017

Liebe Klasse ....,

ich bin Tom aus Bremen. Gerade bin ich mit meinen Eltern im Urlaub in Florida (das ist in Amerika). Hier ist es sehr warm und ich kann jeden Tag schwimmen gehen. Mein tollstes Erlebnis war, als ich mit einem Delfin im Meer schwimmen konnte. Was war euer tollstes Erlebnis in den Ferien oder auch zu Hause beim Spielen? Ich freue mich, von euch zu hören.

Liebe Grüße

Tom

2. Schreibe Tom zurück. Denke daran, die Frage zu beantworten und mindestens eine neue Frage zu stellen.

3. Beschrifte den Briefumschlag mit deiner und Toms Adresse:
Meisenweg 77 – Tom Grimmelmann – 28195 Bremen

....

....

....

....

....

....

Abb.: Anja Boretzki

Beurteilungsbogen „Brief"

Name: ....

Kriterien	Bewertung: Sonne	Sonne mit Wolke	Wolke	Regenwolke
1. Inhalt				
Du hast **Ort** und **Datum** richtig notiert.				
Du hast eine **passende Begrüßung** gewählt.				
Du hast auf den vorherigen Brief reagiert und einen **passenden, nicht zu kurzen Brieftext** verfasst.				
Du hast eine **Frage** gestellt.				
Du hast einen **passenden Schlusssatz** gewählt.				
Du hast eine **passende Grußformel** gewählt.				
Du hast deine **Unterschrift** an die richtige Stelle geschrieben.				
Du hast sogar ein **sinnvolles PS** geschrieben.				
2. Sprachliche Gestaltung				
Du hast in klar **abgegrenzten Sätzen** geschrieben (Satzzeichen).				
Du hast die richtige Ansprache gewählt und die Person **„geduzt"** oder **„gesiezt"**.				
Dein Brief ist **abwechslungsreich** und **interessant**.				
3. Äußere Form				
Du hast auf die **Rechtschreibung** geachtet.				
Du hast den Text **gut lesbar** und **sauber** aufgeschrieben.				
Du hast die **Zeilenabstände** eingehalten.				
Du hast den **Umschlag** richtig und vollständig beschriftet.				

Gesamtnote: ☐

....
Datum, Unterschrift Lehrkraft

....
Datum, Unterschrift Erziehungsberechtigte

Abb.: Anja Boretzki

Personen-beschreibung

Abb.: Anja Boretzki

Gelungen oder nicht?

1. Betrachte das Bild und lies die beiden Personenbeschreibungen.

A

Lotte ist acht Jahre alt.
Sie hat eine Haarspange im Haar.
Sie trägt ein Kleid mit Leggins und Ballerinas.

B

Lotte ist acht Jahre alt. Für ihr Alter ist sie recht klein und schmächtig. Sie hat ein rundes Gesicht, eine Stupsnase und Sommersprossen. Ihre Augen erstrahlen in einem satten Grün. Ihr blondes, schulterlanges Haar hat sie am Pony mit einer Spange zurückgesteckt.
Lotte trägt ein knielanges rotes Kleid mit zwei großen Taschen und grün gestreifte Leggins.
Ihre Ballerinas sind sonnengelb.

2. Welche Beschreibung hat dir besser gefallen? Begründe.

....

....

3. Was erfährst du über Lotte? Fülle den Steckbrief aus.

Name: .... Alter: ....

Größe: .... Haare: ....

Gesicht: ....

Augen: ....

Kleidung: ....

....

....

Besonderheiten: ....

Abb.: Anja Boretzki

Personenbeschreibung

Alter

Personenbeschreibung

Geschlecht

Personenbeschreibung

Körperbau

Personenbeschreibung

Größe

Personenbeschreibung

Gesicht

(Augen, Nase, Mund)

Tafelkarten

Personenbeschreibung

Haare

(Haarfarbe/-länge, Frisur)

Personenbeschreibung

Kleidung

(Form, Farbe, Muster)

Personenbeschreibung

besondere Merkmale

Personenbeschreibung

Gegenwart

(Präsens)

© Verlag an der Ruhr | Autorinnen: R. Dransmann, S. Sölter | ISBN 978-3-8346-3583-9 | www.verlagruhr.de

Hosentaschen-Buch

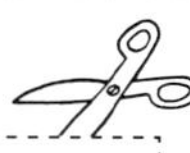

Mein Hosentaschen-Buch

Personen-beschreibung

Name: ....

Haare

Frisur: Glatze, Pferdeschwanz, Kurzhaarschnitt, Igelfrisur, Pony, Zopf, Locken, lockig, gewellt, glatt, strubbelig
Haarfarbe: schwarz, grau, weiß, braun, rot, blond, gefärbt
Haarlänge: kurz, lang, schulterlang
Schmuck: Haarspange, Haarreif, Haargummi

Gesicht: länglich, schmal, hager, breit, kantig, rund, blass, sonnengebräunt, grobe Gesichtszüge, glatte/faltige Haut
Augen: groß, klein, schmal, hervorstehend, blau, grün, braun, grau
Nase: lang, kurz, schief, gerade, spitz, breit, gebogen, Stupsnase, Knollennase, Hakennase
Mund: groß, klein, schmale/volle Lippen

Körperliche Merkmale

Geschlecht: Mädchen, Junge, Mann, Frau, männlich, weiblich
Alter: jung, alt
Größe: groß, klein, durchschnittlich
Körperbau: schlank, dünn, zierlich, schmächtig, kräftig, sportlich, breite Schultern, muskulös, rundlich

Besondere Merkmale

Brille, (Schnurr-/Kinn-/Voll-/Stoppel-)Bart, buschige Augenbrauen, abstehende Ohren, Muttermal, Narbe, Tätowierung, Schmuck, Zahnspange

Kleidung

Kopfbedeckung: Hut, Kappe, Mütze
Oberteil: T-Shirt, Pullover, Sweatshirt, Bluse, Top
Hose: kurz, lang, Jeans, Strumpfhose, Leggins
Schuhe: Halbschuhe, Sandalen, Stiefel, Ballerinas, Turnschuhe
Kleid
Rock

Formen und Muster

ohne Muster: einfarbig
mit Muster: gemustert
mit Punkten: gepunktet
mit Tupfen: getupft
mit Streifen: gestreift
mit Längsstreifen: längsgestreift
mit Querstreifen: quergestreift
mit Karos: kariert
mit Blumen: geblümt
mit Tigermuster: getigert

Farben

orange, rot, lila, blau, grün, gelb

Tipp:
Verbinde Farb-Adjektive mit Nomen (z.B. feuerrot, himmelblau).

Abb.: Anja Boretzki

Wer ist das?

1. **Male einen Mitschüler deiner Wahl so genau wie möglich. Verrate nicht, wer es ist. Ob sich jemand in deinem Bild wiedererkennt?**

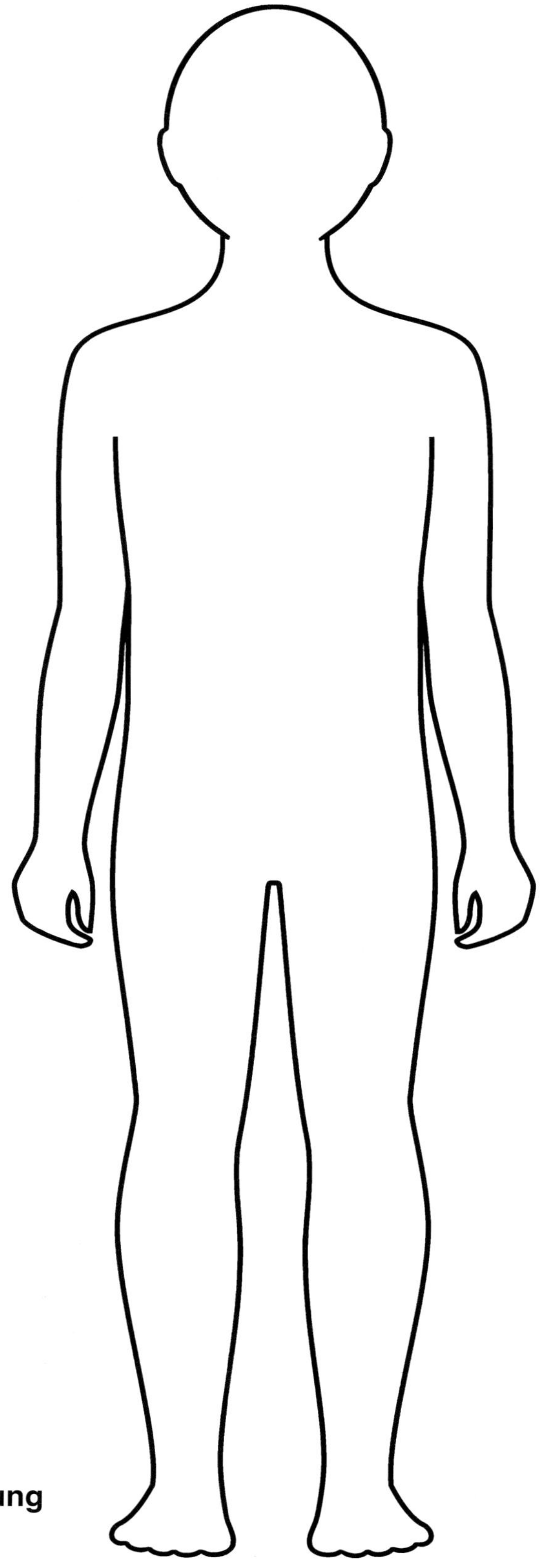

2. **Schreibe nun eine Personenbeschreibung zu deinem Bild.**

Treffende Verben und Adjektive

1. Lies den Text. Male das Bild richtig an.

2. Unterstreiche alle Verben rot und alle Adjektive grün.

Ali ist ein Fußballer mit großen braunen Augen. Er hat ein rundes Gesicht und ein breites Lächeln. Seine dunkelbraunen Haare trägt er kurz und strubbelig. Bekleidet ist er mit einem blauen Trikot und einer kurzen weißen Sporthose. Auf der Hose befinden sich drei schmale Streifen in den Farben Schwarz, Rot und Gold. Auf dem Trikot ist ein Wappen. Es hat in der Mitte einen grünen Punkt. Alis Fußballschuhe sind schwarz-rot gestreift. Seine Stutzen sind neongelb. Ali besitzt einen goldenen Fußball.

3. Betrachte das Bild. Setze dann die Wörter passend in den Lückentext ein. Achtung: Du musst die Wörter vorher noch anpassen.

tragen – rund – haben – flach – groß – knielang – braun – groß – klein – befinden

Suri hat ein .... Gesicht. Auffällig sind ihre .... Nase und ihr .... Mund. Suri .... ihre .... Haare hochgesteckt. Sie .... ein .... Kleid und .... Ballettschuhe. Auf ihrem Kleid .... sich eine .... Blume.

4. Vergleiche deinen Text mit einem Partner. Sind eure Beschreibungen gleich?

Abb.: Anja Boretzki

Personen sachlich beschreiben

Bei einer **Personenbeschreibung** kann es **Ausdrücke** geben, die die Person erfreuen oder auch beleidigen können. Achte darauf, dass du bei deiner Personenbeschreibung nur **sachliche Ausdrücke** verwendest.

1. Ordne die Wörter richtig zu.

gut gebaut – Bohnenstange – im mittleren Alter – dicker Moppel – alt – super schlank – korpulent – schlank – im besten Alter

2. Ergänze die Tabelle mit eigenen Ideen.

erfreuend	sachlich	beleidigend

Die richtige Reihenfolge finden

1. Lies den Text, den Mustafa über seinen besten Freund geschrieben hat.

Mein bester Freund

Mats hat kurze blonde Haare.

Seine Schuhe sind blau gestreift.

Seine Körpergröße beträgt etwa 1,50 m.

Über dem T-Shirt trägt er eine grüne Jacke.

Mein bester Freund ist ein Junge und heißt Mats.

Er ist 11 Jahre alt.

Mats ist Brillenträger.

Mats ist etwas korpulent und hat eine runde Gesichtsform.

Er hat blaue Augen und eine Stupsnase.

Seine Brille hat einen schwarzen Rand.

Heute trägt Mats ein graues T-Shirt und blaue Jeans.

**2. Was fällt dir bei Mustafas Beschreibung auf?
Kannst du dir seinen Freund gut vorstellen?**

....

....

....

....

....

....

Abb.: Anja Boretzki

Die richtige Reihenfolge finden

3. Erstelle einen Steckbrief und ordne die Informationen, die du über Mats erhältst, zu.

Name: ....

....

Alter: ....

Größe: ....

Haare: ....

....

Gesicht: ....

....

Augen: ....

Kleidung: ....

....

....

Besonderheiten: ....

....

....

4. Schreibe die Personenbeschreibung von Mats in der richtigen Reihenfolge auf. Schneide hierzu die Sätze aus Aufgabe 1 auseinander und ordne sie. Beginne mit Name und Alter und arbeite dich dann von oben nach unten vor. Zum Schluss kommen die Besonderheiten.

Abbildung: © Magnus Siemens

Muster

Die **Kleidung** einer Person kann ganz **unterschiedliche Muster** haben. Hier findest du Beispiele, die du für deine Beschreibung nutzen kannst.

Zeichne das passende Muster.

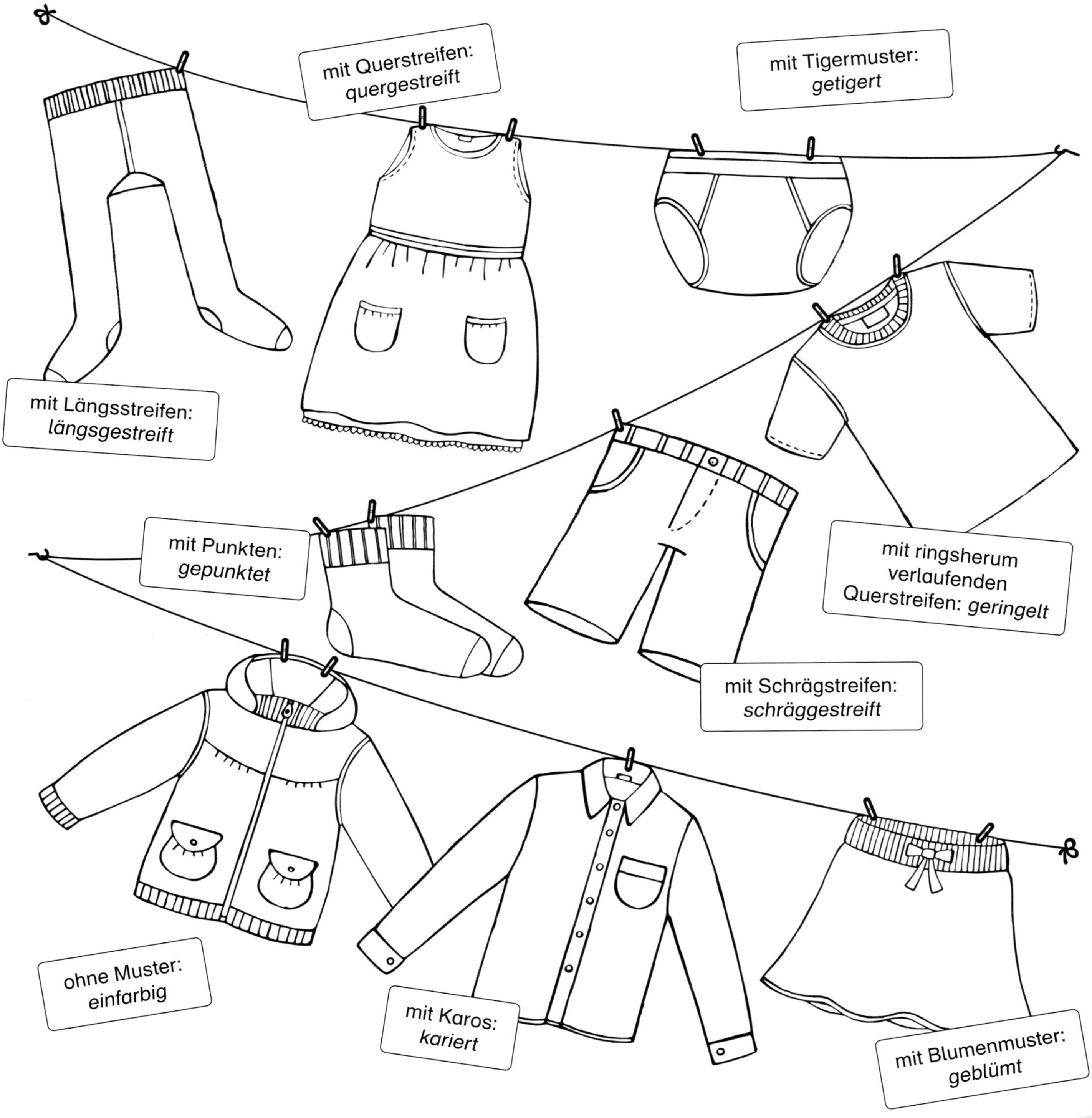

mit Querstreifen: *quergestreift*

mit Tigermuster: *getigert*

mit Längsstreifen: *längsgestreift*

mit Punkten: *gepunktet*

mit ringsherum verlaufenden Querstreifen: *geringelt*

mit Schrägstreifen: *schräggestreift*

ohne Muster: *einfarbig*

mit Karos: *kariert*

mit Blumenmuster: *geblümt*

Abwechslungsreiche Satzanfänge

1. Lies die Personenbeschreibung und unterstreiche die Satzanfänge.

Pawel ist 9 Jahre alt.
Er ist ungefähr 1,50 m groß.
Er hat eine sportliche, schlanke Figur.
Er hat ein rundes Gesicht.
Er hat gewellte rote Haare.
Er hat große grüne Augen.
Er hat eine breite Nase.
Er hat viele Sommersprossen im Gesicht.
Er trägt einen blauen Pullover und eine rote Jacke.
Er hat eine dunkelblaue Jeans an.
Er trägt Turnschuhe mit blauen Streifen.
Er hat eine Narbe auf der Stirn.

2. Was fällt dir auf?

....

....

3. Verbessere den Text. Schreibe ihn mit abwechslungsreichen Satzanfängen auf.

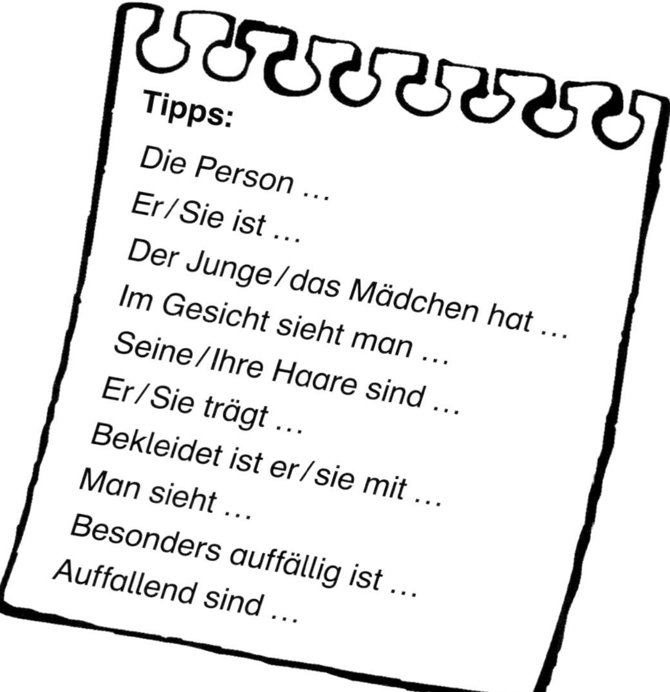

Abb.: Anja Boretzki

Meine erste Personenbeschreibung

1. Male den Clown in den angegebenen Farben an.

Haare:	grün
Nase:	rot
Mund:	rot
Augen:	blau
Hut:	lila
Jacke:	blau, gelber Kragen, rosa Knöpfe
Hose:	grün mit schwarzen Punkten
Schuhe:	orange
Strümpfe:	gelb

2. Schreibe eine möglichst genaue Personenbeschreibung.

....

....

....

....

....

....

....

....

....

....

Personenbeschreibung

1. Wähle eine Figur aus und male sie an.
2. Schreibe eine passende Personenbeschreibung.

Abb.: Anja Boretzki

© Verlag an der Ruhr | Autorinnen: R. Dransmann, S. Sölter | ISBN 978-3-8346-3583-9 | www.verlagruhr.de

Checkliste „Personenbeschreibung"

Name: ....

Kriterien	*Bewertung* ☀	🌤	☁	🌧
1. Inhalt				
Ich habe das **Geschlecht** und **Alter** der Person angegeben.				
Ich habe die **Körpergröße** und den **Körperbau** der Person beschrieben.				
Ich habe das **Gesicht** der Person genau beschrieben (Augen, Nase, Mund, Besonderheiten).				
Ich habe die **Haare** genau beschrieben (Haarfarbe/-länge/-schmuck, Frisur).				
Ich habe die **Kleidung** genau beschrieben (Farbe, Form, Muster).				
Ich habe auf **besondere Merkmale** der Person hingewiesen.				
Ich habe die Person rein **sachlich**, also ohne Bewertungen, dargestellt.				
2. Sprachliche Gestaltung				
Ich habe in klar **abgegrenzten Sätzen** geschrieben (Satzzeichen).				
Ich bin beim Beschreiben in einer **logischen Reihenfolge** vorgegangen.				
Ich habe passende **Adjektive** und **Verben** verwendet.				
Ich habe **Wiederholungen** und **eintönige Satzanfänge vermieden**.				
Ich habe in der **Gegenwart** (Präsens) geschrieben.				
3. Äußere Form				
Ich habe auf die **Rechtschreibung** geachtet (Wörterbuch).				
Ich habe den Text **gut lesbar** und **sauber** aufgeschrieben.				

Darauf muss ich beim nächsten Mal achten: ....

....

....

Abb.: Anja Boretzki

Schreibkonferenz „Personenbeschreibung"

1. **Lies deine Personenbeschreibung in der Schreibkonferenz vor. Deine Mitschüler hören aufmerksam zu.**
2. **Besprecht die Kontrollfragen und bewertet den Text gemeinsam.**

Name: ....

Bewertung

Kontrollfragen	☀	☀☁	☁	🌧
Habe ich das **Geschlecht** und **Alter** der Person angegeben?				
Habe ich die **Körpergröße** und den **Körperbau** der Person beschrieben?				
Habe ich das **Gesicht** der Person genau beschrieben (Augen, Nase, Mund, Besonderheiten)?				
Habe ich die **Haare** genau beschrieben (Haarfarbe/-länge/-schmuck, Frisur)?				
Habe ich die **Kleidung** genau beschrieben (Farbe, Form, Muster)?				
Habe ich auf **besondere Merkmale** der Person hingewiesen?				
Habe ich die Person rein **sachlich**, also ohne Bewertungen, dargestellt?				
Bin ich beim Beschreiben in einer **logischen Reihenfolge** vorgegangen?				
Habe ich passende **Verben** und **Adjektive** verwendet?				
Habe ich **Wiederholungen** und **eintönige Satzanfänge vermieden**?				
Habe ich in der **Gegenwart** (Präsens) geschrieben?				

3. **Schreibe hier die Tipps auf, die du von deinen Mitschülern erhalten hast.**

....

....

....

Abb.: Anja Boretzki

Klassenarbeit „Personenbeschreibung“

Name:	Datum:

1. Male das Mädchen in den angegebenen Farben an.

Haare:	braun	**Blume:**	rosa
Haarspange:	grün	**Hose:**	lila
Augen:	blau	**Schuhe:**	rot
T-Shirt:	gelb	**Strümpfe:**	orange

2. Schreibe eine möglichst genaue Personenbeschreibung.

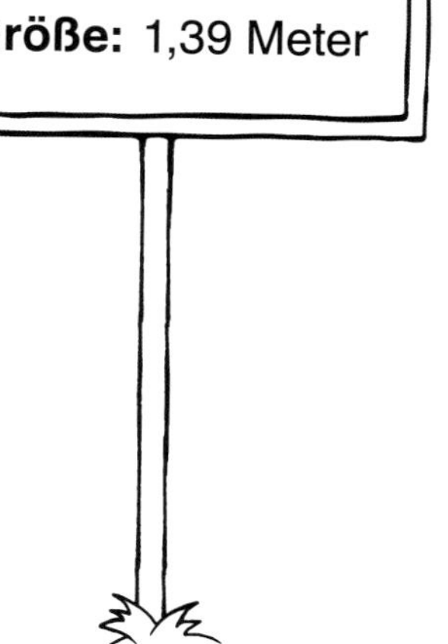

Abb.: Anja Boretzki

Beurteilungsbogen „Personenbeschreibung"

Name: ....

Kriterien	Bewertung: Sonne	Sonne mit Wolke	Wolke	Regenwolke
1. Inhalt				
Du hast das **Geschlecht** und **Alter** der Person angegeben.				
Du hast die **Körpergröße** und den **Körperbau** der Person beschrieben.				
Du hast das **Gesicht** der Person genau beschrieben (Augen, Nase, Mund, Besonderheiten).				
Du hast die **Haare** genau beschrieben (Haarfarbe/-länge/-schmuck, Frisur).				
Du hast die **Kleidung** genau beschrieben (Farbe, Form und Muster).				
Du hast auf **besondere Merkmale** der Person hingewiesen.				
Du hast die Person rein **sachlich**, also ohne Bewertungen, dargestellt.				
2. Sprachliche Gestaltung				
Du hast in klar **abgegrenzten Sätzen** geschrieben (Satzzeichen).				
Du bist beim Beschreiben in einer **logischen Reihenfolge** vorgegangen.				
Du hast passende **Adjektive** und **Verben** verwendet.				
Du hast **Wiederholungen** und **eintönige Satzanfänge vermieden**.				
Du hast in der **Gegenwart** (Präsens) geschrieben.				
3. Äußere Form				
Du hast auf die **Rechtschreibung** geachtet.				
Du hast den Text **gut lesbar** und **sauber** aufgeschrieben.				

Gesamtnote: ☐

....
Datum, Unterschrift Lehrkraft

....
Datum, Unterschrift Erziehungsberechtigte

Abb.: Anja Boretzki

Gegenstands-beschreibung

Abb.: Anja Boretzki

Gelungen oder nicht?

1. Lies die beiden Gegenstandsbeschreibungen.

Das zu beschreibende Spiel besteht nur aus einem Teil. Man kann es zu zweit, zu dritt oder zu viert spielen. Es ist aus Plastik und größtenteils grün. Es hat die Form eines Krokodils und ist etwa so groß wie eine Honigmelone. Es ist recht leicht und hat vorn eine Klappe in Form einer Schnauze. Diese kann man öffnen.
Am Unterkiefer stehen 14 weiße Plastikzähne heraus. Die einzelnen Zähne lassen sich mit leichtem Druck herunterdrücken. Drückt man einen falschen Zahn, so schnappt der Oberkiefer zu und das Maul des Krokodils ist geschlossen.

B

Das Brettspiel ist unheimlich spannend. Es hat ein Spielfeld und einige Karten. Man kann es auch mit mehreren Spielern spielen, da es viele verschiedene Spielfiguren gibt. Viele meiner Freunde haben das Spiel auch schon. Zurzeit ist es häufig in der Werbung oder in Prospekten zu sehen.

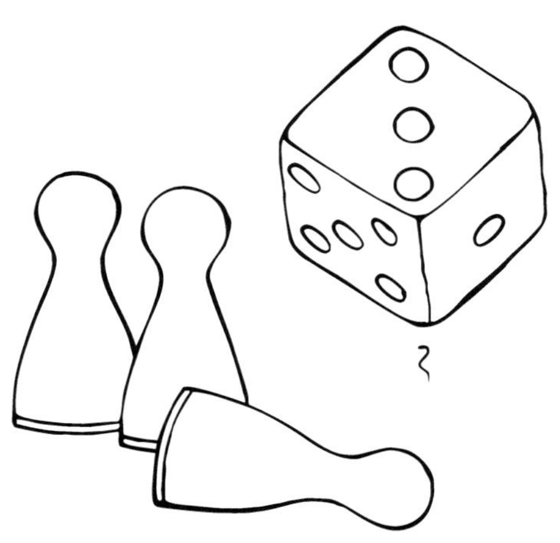

2. Welche Spielbeschreibung hat dir besser gefallen? Begründe.

....

....

....

....

3. Hast du eine Idee, welches Spiel gemeint ist?

....

....

Abb.: Anja Boretzki

© Verlag an der Ruhr | Autorinnen: R. Dransmann, S. Sölter | ISBN 978-3-8346-3583-9 | www.verlagruhr.de

Tafelkarten

Gegenstandsbeschreibung

Gegenstand benennen

Gegenstandsbeschreibung

einzelne Teile benennen

Gegenstandsbeschreibung

Form

Gegenstandsbeschreibung

Größe & Gewicht

Gegenstandsbeschreibung

Material

Tafelkarten

Gegenstandsbeschreibung

Farbe & Muster

Gegenstandsbeschreibung

besondere Merkmale

Gegenstandsbeschreibung

Reihenfolge

Gegenstandsbeschreibung

Gegenwart

(Präsens)

Gegenstandsbeschreibung

sachlich beschreiben

Hosentaschen-Buch

Mein Hosentaschen-Buch

Gegenstands-beschreibung

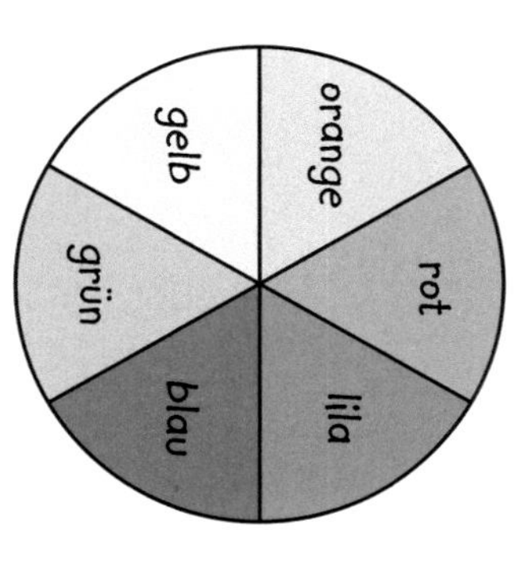

Name: ....

Farben

Farbkreis: rot, lila, blau, grün, gelb, orange

Tipp: Verbinde Farb-Adjektive mit Nomen (z. B. feuerrot, himmelblau).

Abb.: Anja Boretzki

Reihenfolge

Schreibe am **Anfang** deines Textes, um welchen Gegenstand es geht und wofür er benutzt wird. Halte bei deiner Beschreibung eine **logische Reihenfolge** ein und werde dabei zunehmend detaillierter.

Allgemeine Merkmale

Formen:
offen, geschlossen, rund, halbrund, abgerundet, flach, gewölbt, kantig, eckig, dreieckig, viereckig, rechteckig, quadratisch, kegelförmig, kugelförmig, oval, länglich, spitz, breit

Größe:
Schätze die Größe und verwende eine passende Maßeinheit (mm, m, cm).

Nützliche Verben

Damit deine Beschreibung nicht langweilig klingt, benutze **unterschiedliche** Verben:
sich befinden, aus etwas bestehen, sehen, erkennen, enthalten, haben, aufweisen, besitzen, anhaften, abbilden, vorhanden sein, zeigen

Anschaulichkeit

Beschreibe den Gegenstand möglichst anschaulich und stelle **Vergleiche** an.

Beispiele:
- → *so groß/klein wie …*
- → *der Gegenstand sieht aus wie …*
- → *spiegelglatt*

Besondere Merkmale

Beschreibe genau, wo sich welches Einzelteil/besondere Merkmal befindet:
- → *links, linke Seite*
- → *rechts, rechte Seite*
- → *oben, Oberseite*
- → *unten, Unterseite*
- → *innen, Innenseite*
- → *außen, Außenseite*
- → *vorn, Vorderseite*
- → *hinten, Rückseite*

Material:
Wolle, Baumwolle, Stoff, Glas, Gummi, Holz, Plastik, Metall, Porzellan, Plüsch, Stein, Ton, Keramik

Oberfläche:
eben, uneben, glatt, rau, matt, glänzend, gewölbt, gemustert

Abb.: Anja Boretzki

© Verlag an der Ruhr | Autorinnen: R. Dransmann, S. Sölter | ISBN 978-3-8346-3583-9 | www.verlagruhr.de

Mein Lieblingsspielzeug

1. **Du hast bestimmt ein Lieblingsspielzeug, mit dem dir das Spielen besonders viel Spaß macht. Male es und versuche, auf alle Einzelheiten so genau wie möglich zu achten.**

2. **Befestige deine Zeichnung an der Tafel. Stelle dein Spielzeug deinen Mitschülern vor. Deine Mitschüler versuchen, mit Hilfe deiner Beschreibung die richtige Zeichnung an der Tafel zu finden.**

   Tipp: Nutze dein Hosentaschen-Buch für deine Beschreibung.

Abb.: Magnus Siemens

© Verlag an der Ruhr | Autorinnen: R. Dransmann, S. Sölter | ISBN 978-3-8346-3583-9 | www.verlagruhr.de

Gegenstände treffend beschreiben

Gegenstandsbeschreibung

1. Lies den Text. Male die Armbanduhr richtig an.

2. Unterstreiche alle Verben rot und alle Adjektive grün.

Bei dem Gegenstand handelt es sich um eine Armbanduhr. Das Armband ist gelb-grün gestreift und etwa 1 cm breit. Das Uhrengehäuse hat einen blauen Metallrand und das runde Ziffernblatt ist weiß. Auf dem Ziffernblatt sind keine Zahlen abgebildet – nur vier blaue Striche an der Stelle der Drei, Sechs, Neun und Zwölf. Die Uhr hat zwei grüne Plastikzeiger: einen Stunden- und einen Minutenzeiger. An der rechten äußeren Seite des Uhrengehäuses befinden sich oben und unten zwei kleine gelbe Knöpfe und dazwischen ein größerer grüner Knopf, mit denen sich die Uhrzeit einstellen lässt.

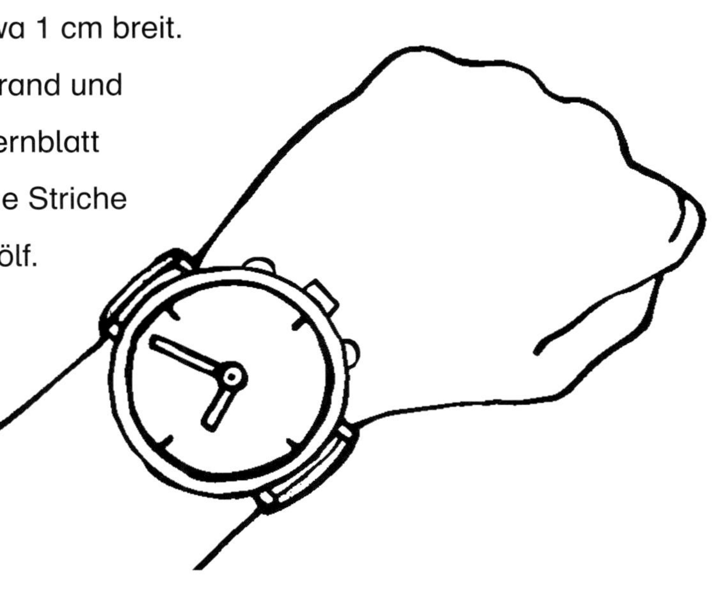

3. Betrachte das Bild. Setze dann die Wörter passend in den Lückentext ein. Achtung: Du musst manche Wörter vorher noch anpassen.

weiß – rundlich – abgebildet – braun – vier – handeln – Plastik – vorhanden

Bei dem .... Gegenstand ....

es sich um einen Kinderwecker. Er hat die Form eines

.... Bärenkörpers und ist aus ....

Seine Farbe ist überwiegend .... Das Ziffernblatt

in der Mitte des Bauches ist .... Auf dem Ziffernblatt

sind keine Zahlen .... , nur .... Punkte

anstelle der Drei, Sechs, Neun und Zwölf.

Hand: Anja Boretzki; Bärchen: Bettina Weyland

Auf die Einzelheiten kommt es an

Achte bei dem Gegenstand, den du beschreiben möchtest, auf **besondere Merkmale**. So wird deine **Gegenstandsbeschreibung** noch genauer.

1. Lies die Gegenstandsbeschreibung.

Der zu beschreibende Gegenstand ist eine Tasche, die sich besonders gut als Bürotasche eignet. Sie ist etwa 25 cm hoch und 40 cm breit. Die Tasche ist aus schwarzem, rauem Rindsleder gefertigt und hat silberfarbene, glänzende Verschlüsse. Auf der Vorderseite hat sie zwei kleinere Fächer, die mit roten Knöpfen zu verschließen sind. Die Nähte der Tasche sind ebenfalls rot. Die Tasche hat einen stabilen Tragegurt, mit breitem, gepolstertem Schulterteil. Auf der Rückseite der Tasche befindet sich ein großes Reißverschlussfach. Der Reißverschluss ist ebenfalls rot. Der Herstellername ist direkt unter dem Reißverschlussfach in Druckbuchstaben zu lesen. Der Innenraum der Tasche ist in drei Teile unterteilt und aus rotem Stoff gefertigt. Man kann ihn ebenfalls mit einem roten Reißverschluss verschließen. Die Tasche hat auf dem vorderen linken Fach einen kleinen Kratzer.

2. Entnimm der Beschreibung alle Angaben zu den Merkmalen der Tasche. Notiere deine Ergebnisse.

Gegenstand ....

Größe ....

Materialien ....

....

Farben ....

....

Besonderheiten ....

Die richtige Reihenfolge finden

1. Lies die Gegenstandsbeschreibung.

Mein Lieblingsstuhl
Der Stuhl ist aus dunklem Holz gefertigt.
Der Stoff des Polsters ist außerdem orange gepunktet.
Armlehnen gibt es keine.
Auf der Rückenlehne ist an der linken Seite ein kleiner roter Fleck im Polster zu sehen.
Die vier Stuhlbeine sind unterhalb der Sitzfläche durch einen Holzring miteinander verbunden.
Die Rückenlehne und die Sitzfläche sind mit grünem Stoff bezogen.
Mein Lieblingsstuhl hat eine runde Sitzfläche.
Seine Rückenlehne ist 1,20 m hoch und geschlossen.

2. Was fällt dir bei der Beschreibung auf?
Kannst du dir den Stuhl gut vorstellen?

....

....

3. Ordne die Informationen, die du über den Stuhl erhältst, den Merkmalen zu.

Form und Größe

....

....

....

....

....

Farbe/Muster & Material

....

....

Besondere Merkmale

....

....

© Verlag an der Ruhr | Autorinnen: R. Dransmann, S. Sölter | ISBN 978-3-8346-3583-9 | www.verlagruhr.de

Die richtige Reihenfolge finden

4. Schreibe die Gegenstandsbeschreibung in der richtigen Reihenfolge auf. Schneide hierzu die Sätze aus Aufgabe 1 auseinander und ordne sie.

....

....

....

....

....

....

....

....

....

....

5. Fertige mit Hilfe der Beschreibung eine Zeichnung des Stuhls an.

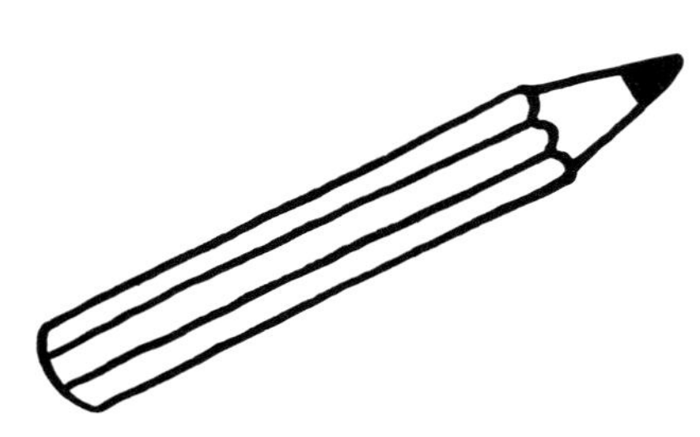

Abb.: Anja Boretzki

Auf die Details kommt es an

1. Betrachte die Bilder und lies die Gegenstandsbeschreibung.

Das Rennauto
Bei dem Gegenstand handelt es sich um ein Auto für einen Rennfahrer. Das Rennauto ist etwa 3,20 m lang. Es hat vorn zwei kleinere und hinten zwei größere Reifen. An dem vorderen Ende läuft die Motorhaube spitz zusammen und wird sehr flach. Hinten hat das Auto einen geschwungenen Flügel. An der Seite hat es große längliche Seitenkästen. Hinter dem Kopfteil des Fahrers ist eine große „1“ aufgeklebt.

2. Welches Rennauto ist gemeint? ....

3. Beschreibe, worin sich die beiden Rennautos aus Aufgabe 1 unterscheiden.
Tipp: Wenn du die Fachbegriffe einzelner Teile nicht weißt, vergleiche sie mit anderen Gegenständen oder Tieren und Pflanzen (zum Beispiel Spoiler = Haiflosse).

....

....

....

....

....

4. Beschreibe nun das linke Rennauto in einer Gegenstandsbeschreibung. Nimm hierzu den Text aus Aufgabe 1 und die von dir notierten Unterschiede zu Hilfe.
Tipp: Male das Rennauto vorher an, damit du auch die einzelnen Farben beschreiben kannst.

Abb.: Bettina Weyland

Abwechslungsreiche Satzanfänge

1. **Lies die Gegenstandsbeschreibung.**

2. **Male den Schuh in den angegebenen Farben an.**

Der Gegenstand ist ein flacher Turnschuh.
Er wird auch Sneaker genannt.
Er hat Größe 36.
Er hat eine flache, leicht gebogene Gummisohle.
Er ist aus dunkelblauem Stoff gefertigt.
Er hat an den Seiten zwei hellblaue Streifen.
Er hat an der Außenseite einen neongelben Stern aus Plastik.
Er hat auch neongelbe Schnürsenkel.

3. **Unterstreiche alle Satzanfänge. Was fällt dir auf?**

....

....

....

4. **Verbessere den Text und schreibe ihn auf.
Sorge dabei für abwechslungsreiche Satzanfänge.**

Tipps für abwechslungsreiche Satzanfänge:

- Links/Auf der linken Seite …
- Rechts/Auf der rechten Seite …
- Oben/An der Oberseite …
- Unten/An der Unterseite …
- Innen/An der Innenseite …
- Außen/An der Außenseite …
- Vorn/An der Vorderseite …
- Hinten/An der Rückseite …
- Außerdem …
- Auch …
- Besonders auffällig ist/sind …
- Als besonderes Merkmal …

Benenne die Bestandteile, die du beschreiben willst, direkt:

- Die Sohle hat …
- Die Schnürsenkel sind …

Schuh: Anja Boretzki; Rahmen: Magnus Siemens

Meine erste Gegenstandsbeschreibung

1. Male das Handy in den angegebenen Farben an.

Maße:	13 x 7 cm
Gehäuse:	grau, äußerer Rand blau
An-/Aus-Schalter:	dunkelblau
Display:	hellblau
Nachrichten:	Umschlag gelb, außen weiß
Telefonhörer:	rot, außen weiß
Internet:	blau und grün, außen weiß
Apps:	darfst du frei wählen

2. Schreibe eine passende Gegenstandsbeschreibung.

Abb.: © arturaliev – Fotolia.com

Gegenstandsbeschreibung

1. **Wähle einen Gegenstand aus und male ihn an.**
2. **Schreibe eine Gegenstandsbeschreibung.**

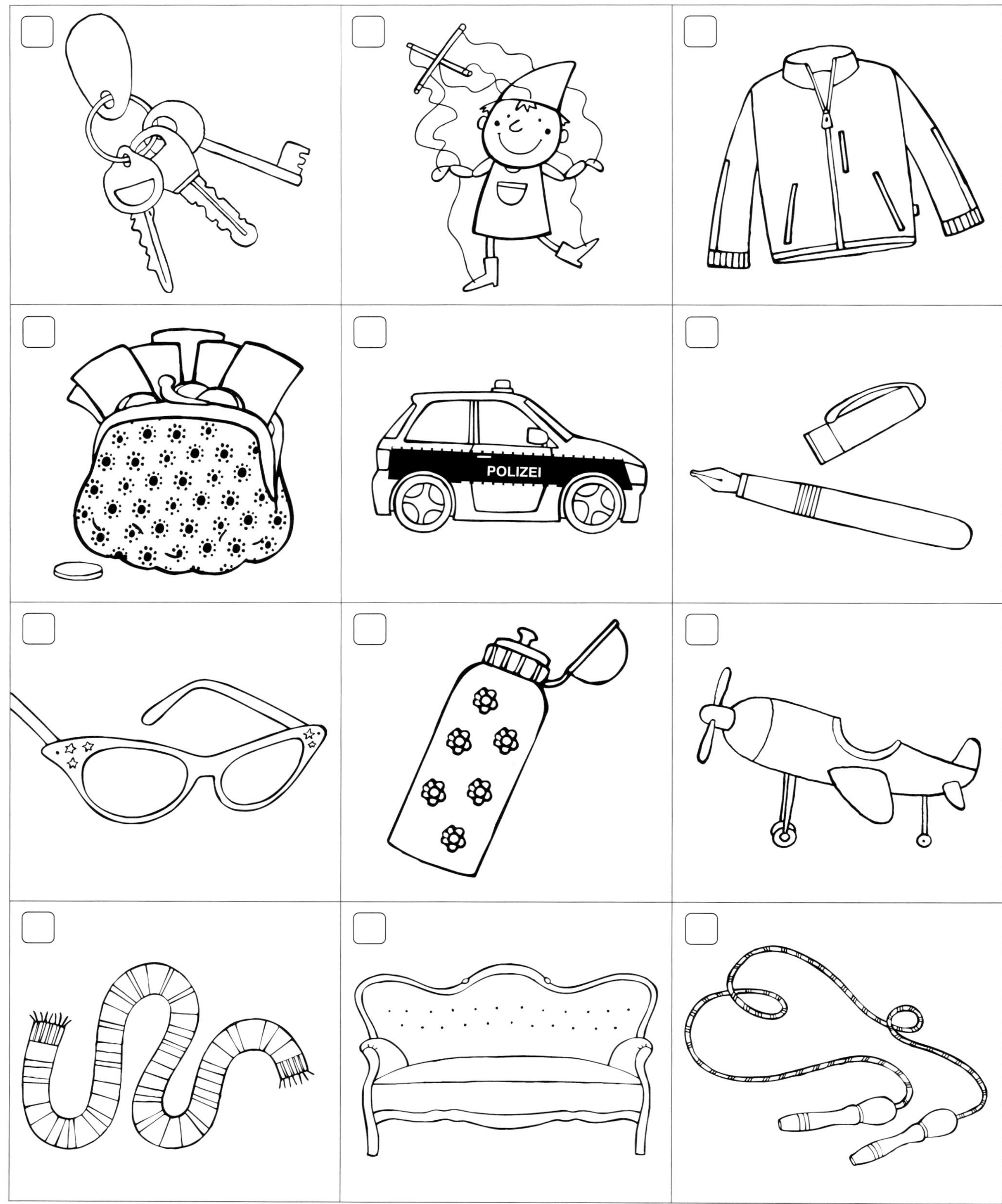

Abb.: Anja Boretzki

Checkliste „Gegenstandsbeschreibung"

Name: ....

Kriterien	*Bewertung* ☀	🌤	☁	🌧
1. Inhalt				
Ich habe den Gegenstand **benannt**.				
Ich habe die **einzelnen Teile** des Gegenstands beschrieben.				
Ich habe die **Größe** des Gegenstands angegeben.				
Ich habe die **Form** des Gegenstands genau beschrieben.				
Ich habe das **Material/die Materialien** des Gegenstands genau beschrieben.				
Ich habe **Farbe** und **Muster** des Gegenstands genau beschrieben.				
Ich habe auf **besondere Merkmale** hingewiesen (Beschriftung, Aufdruck, Kratzer).				
2. Sprachliche Gestaltung				
Ich habe in klar **abgegrenzten Sätzen** geschrieben (Satzzeichen).				
Ich bin beim Beschreiben in einer **logischen Reihenfolge** vorgegangen.				
Ich habe passende **Adjektive** und **Verben** verwendet.				
Ich habe **Wiederholungen** und **eintönige Satzanfänge vermieden**.				
Ich habe in der **Gegenwart** (Präsens) geschrieben.				
Ich habe den Gegenstand rein **sachlich**, also ohne Bewertungen, dargestellt.				
3. Äußere Form				
Ich habe auf die **Rechtschreibung** geachtet (Wörterbuch).				
Ich habe den Text **gut lesbar** und **sauber** aufgeschrieben.				

Darauf muss ich beim nächsten Mal achten: ....

....

....

Abb.: Anja Boretzki

Schreibkonferenz „Gegenstandsbeschreibung"

1. Lies deine Gegenstandsbeschreibung in der Schreibkonferenz vor. Deine Mitschüler hören aufmerksam zu.

2. Besprecht die Kontrollfragen und bewertet den Text gemeinsam.

Name: ....

Bewertung

Kontrollfragen	Sonne	Sonne mit Wolke	Wolke	Regenwolke
Habe ich den Gegenstand **benannt**?				
Habe ich die **einzelnen Teile** des Gegenstands beschrieben?				
Habe ich die **Größe** des Gegenstands angegeben?				
Habe ich die **Form** des Gegenstands genau beschrieben?				
Habe ich das **Material/die Materialien** des Gegenstands genau beschrieben?				
Habe ich **Farbe** und **Muster** des Gegenstands genau beschrieben?				
Habe ich auf **besondere Merkmale** hingewiesen (Beschriftung, Aufdruck, Kratzer …)?				
Bin ich beim Beschreiben in einer **logischen Reihenfolge** vorgegangen?				
Habe ich passende **Verben** und **Adjektive** verwendet?				
Habe ich **Wiederholungen** und **eintönige Satzanfänge** vermieden?				
Habe ich in der **Gegenwart** (Präsens) geschrieben?				
Habe ich den Gegenstand rein **sachlich**, also ohne Bewertungen, dargestellt?				

3. Schreibe hier die Tipps auf, die du von deinen Mitschülern erhalten hast.

....

....

Abb.: Anja Boretzki

Klassenarbeit „Gegenstandsbeschreibung"

Name:

Datum:

1. Male die Federmappe in den angegebenen Farben an.

Federmappe: orange
Reißverschluss: rot
kleine Tasche: grün
Radiergummi: orange
Spitzer: grau

Lineal: braun
Füller: gelb
Filzstifte: rosa, orange, schwarz, rot
Buntstifte: rot, blau, gelb, grün, lila

2. Schreibe eine möglichst genaue Gegenstandsbeschreibung.

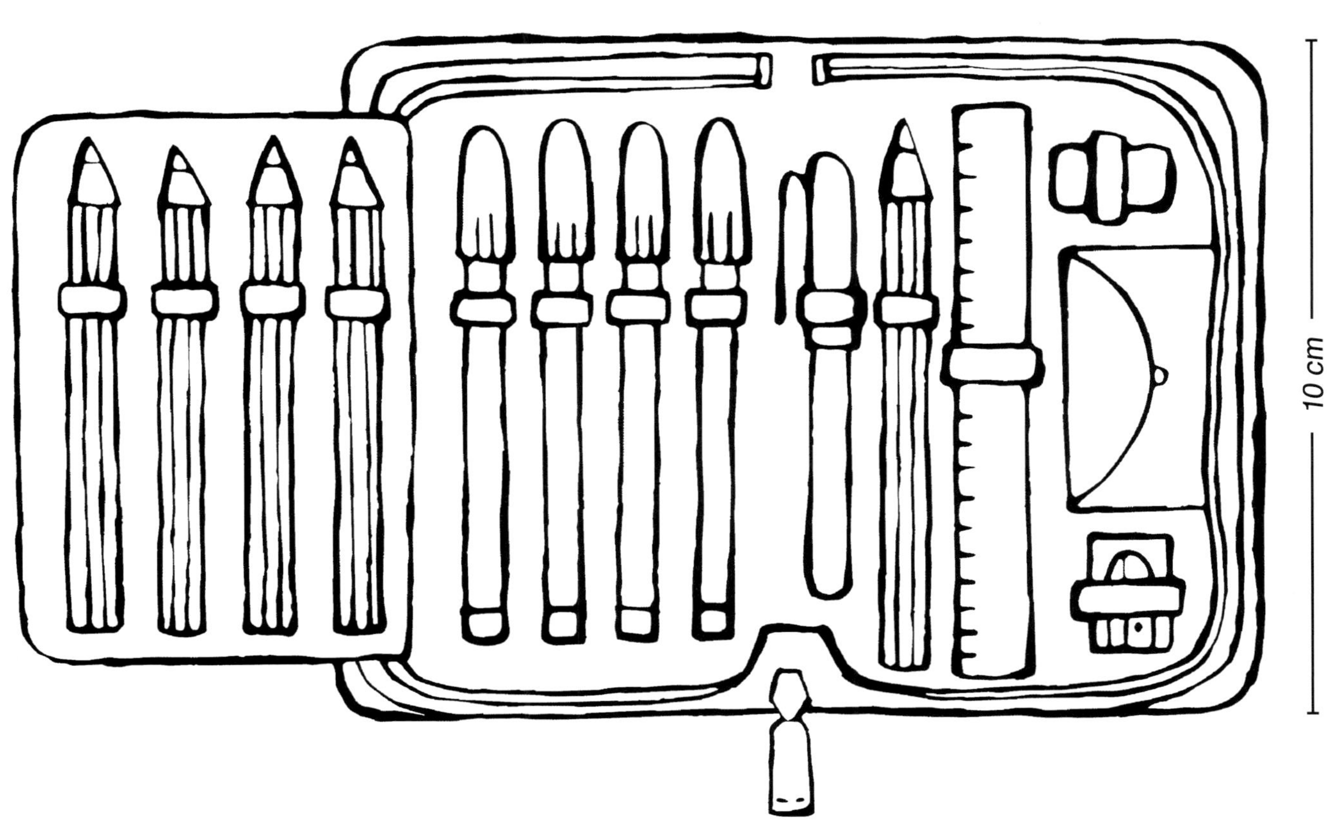

Abb.: Anja Boretzki
 | ISBN 978-3-8346-3583-9 | www.verlagruhr.de

Beurteilungsbogen „Gegenstandsbeschreibung"

Name: ....

Kriterien	*Bewertung* ☀	⛅	☁	🌧
1. Inhalt				
Du hast den Gegenstand **benannt**.				
Du hast die **einzelnen Teile** des Gegenstands beschrieben.				
Du hast die **Größe** des Gegenstands angegeben.				
Du hast die **Form** des Gegenstands genau beschrieben.				
Du hast das **Material/die Materialien** des Gegenstands genau beschrieben.				
Du hast **Farbe** und **Muster** des Gegenstands genau beschrieben.				
Du hast auf **besondere Merkmale** hingewiesen (Beschriftung, Aufdruck, Kratzer …).				
2. Sprachliche Gestaltung				
Du hast in klar **abgegrenzten Sätzen** geschrieben (Satzzeichen).				
Du bist beim Beschreiben in einer **logischen Reihenfolge** vorgegangen.				
Du hast passende **Adjektive** und **Verben** verwendet.				
Du hast **Wiederholungen** und **eintönige Satzanfänge vermieden**.				
Du hast in der **Gegenwart** (Präsens) geschrieben.				
Du hast den Gegenstand rein **sachlich**, also ohne Bewertungen, dargestellt.				
3. Äußere Form				
Du hast auf die **Rechtschreibung** geachtet (Wörterbuch).				
Du hast den Text **gut lesbar** und **sauber** aufgeschrieben.				

Gesamtnote: ☐

....
Datum, Unterschrift Lehrkraft

....
Datum, Unterschrift Erziehungsberechtigte

Abb.: Anja Boretzki

Vorgangs-beschreibung

Abb.: Anja Boretzki

Gelungen oder nicht?

1. Lies die beiden Vorgangsbeschreibungen.

A

Zähne putzen

Meine Mutter sagt immer, dass ich 2-mal am Tag Zähne putzen muss. Das kann ganz schön nervig sein. Ich muss zwei Minuten lang putzen.
Ach ja, das müssen kreisende Bewegungen sein. Vorher habe ich die Zahnbürste nass gemacht und meinen Becher mit Wasser gefüllt. Wenn ich fertig bin, spüle ich den Mund und die Zahnbürste aus. Ganz zu Beginn habe ich Zahnpasta draufgemacht.

B

Zähne putzen

Beim Zähneputzen musst du folgende Schritte beachten: Zuerst füllst du deinen Zahnputzbecher mit Wasser und stellst ihn an die Seite. Dann machst du deine Zahnbürste unter fließendem Wasser nass und gibst etwas Zahnpasta auf die Borsten. Das sollte nicht mehr sein, als dein kleiner Fingernagel groß ist. Nun kannst du mit dem Zähneputzen beginnen. Mit kreisenden Bewegungen bürstest du die Kauflächen, Außenflächen und Innenflächen deiner Zähne. Anschließend spülst du deinen Mund mit dem Wasser aus dem Zahnbecher aus. Zum Schluss reinigst du noch die Zahnbürste unter fließendem Wasser und räumst alles wieder an seinen Platz.

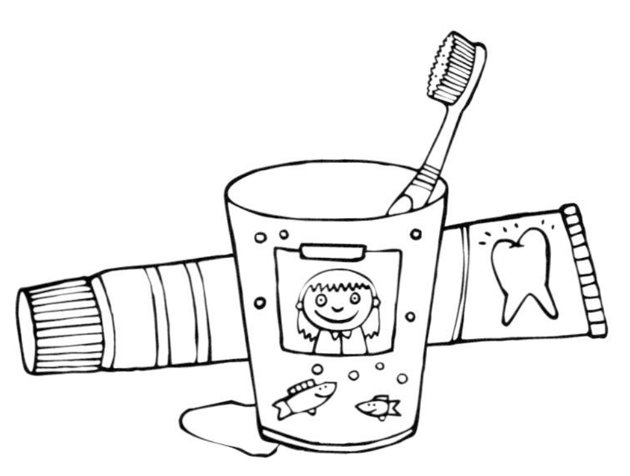

2. Welche Vorgangsbeschreibung hat dir besser gefallen? Begründe.

....

....

....

....

Abb.: Anja Boretzki

© Verlag an der Ruhr | Autorinnen: R. Dransmann, S. Sölter | ISBN 978-3-8346-3583-9 | www.verlagruhr.de

Tafelkarten

Vorgangsbeschreibung

Überschrift

Vorgangsbeschreibung

Einleitungssatz

Vorgangsbeschreibung

benötigte Materialien

Vorgangsbeschreibung

Personalform

(„ich“, „du“, „man“)

Vorgangsbeschreibung

Reihenfolge

Vorgangsbeschreibung

abwechslungsreiche Satzanfänge

Vorgangsbeschreibung

passende Verben

Vorgangsbeschreibung

sachlich beschreiben

Vorgangsbeschreibung

Gegenwart

(Präsens)

© Verlag an der Ruhr | Autorinnen: R. Dransmann, S. Sölter | ISBN 978-3-8346-3583-9 | www.verlagruhr.de

Hosentaschen-Buch

Mein Hosentaschen-Buch

Vorgangs-beschreibung

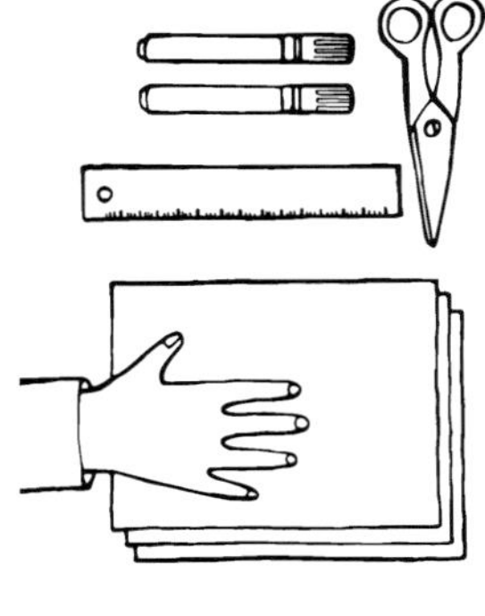

Name: ....

Überschrift

Wähle eine Überschrift, die **sachlich** und **kurz** sagt, worum es in deiner Vorgangsbeschreibung geht.

Beispiel:

- *Eine Einladungskarte basteln*
- *~~Die schönste Einladungskarte der Welt basteln~~*

Materialliste

Notiere alle **Hilfsmittel/ Werkzeuge**, die du für deinen Vorgang benötigst.

Beispiele:

- *Schere*
- *Hammer*
- *Nagel*
- *Lineal*
- *Zange*
- *Klebstoff*

Einleitungssatz

Beschreibe mit einem **kurzen** Einleitungssatz, worum es in deinem Text geht.

Beispiele:

- *Um eine Serviette zu falten, musst du folgende Schritte beachten: …*
- *Beim Pflanzen gehst du folgendermaßen vor: …*

Personalform

Schreibe in der **„Ich“-**, **„Du“-** oder **„Man“-Form**.

Beispiel:

falten → *ich falte* / *du faltest* / *man faltet*

Abwechslungsreiche Satzanfänge

Zuerst …, Zu Beginn …, Als Erstes …, Dann …, Danach …, Gleich darauf …, Als Zweites …, Zunächst …, Anschließend …, Schließlich …, Jetzt …, Nun …, Zuletzt …, Als Letztes …, Zum Schluss …, Am Ende …

Nützliche Verben

machen, schneiden, kleben, messen, nehmen, knicken, rollen, abmessen, warten, falten, kneten, befüllen, gießen, aufpusten, sägen, aufschneiden, hämmern, festhalten, waschen, bemalen, zeichnen, ausmalen, hineinstecken, tupfen, bohren, durchstecken, einfädeln

Allgemeine Tipps

- *Schreibe in der richtigen Reihenfolge.*
- *Beschreibe alle Schritte ausführlich und genau.*
- *Schreibe sachlich, keine eigene Meinung.*
- *Gestalte deine Vorgangsbeschreibung übersichtlich.*

Abb.: Anja Boretzki

Abb.: Anja Boretzki
 ISBN 978-3-8346-3583-9 | www.verlagruhr.de

Abwechslungsreiche Satzanfänge

1. Lies die Vorgangsbeschreibung.

Eine Schneeflocke basteln

Um eine Schneeflocke zu basteln, muss ich folgende Schritte beachten: Ich zeichne mit dem Zirkel einen möglichst großen Kreis auf das weiße Faltpapier. Ich schneide den Kreis mit der Schere sauber aus. Ich falte den Kreis einmal in der Mitte, sodass ich ihn halbiere. Ich falte den Kreis ein zweites Mal in der Mitte. Ich falte den Kreis ein drittes Mal in der Mitte. Ich zeichne an die Faltkanten ein beliebiges Muster, rund oder zackig. Ich schneide entlang der Linie und halte das Papier gut fest. Ich klappe das Papier vorsichtig auf und erhalte meinen fertigen Stern.

2. Unterstreiche alle Satzanfänge. Was fällt dir auf?

....

....

3. Sammle mit einem Partner verschiedene Satzanfänge. Schreibe sie in die Tabelle.

4. Verbessere die Satzanfänge, sodass der Text besser klingt. Die vorher gesammelten Wörter können dir dabei helfen. Notiere dein Ergebnis.
Tipp: Du kannst die Sätze auch umstellen oder zusammenfassen.

Die richtige Reihenfolge finden

1. Schneide die Textstreifen aus und bringe sie in die richtige Reihenfolge.
Achtung: Manchmal brauchst du zwei Textstreifen für ein Bild.

2. Klebe die Textstreifen und die Bilder nebeneinander auf ein Blatt Papier.

Dann knickst du die beiden oberen Ecken zur Mittellinie. Es entsteht eine Spitze.

Um einen Papierflieger zu basteln, musst du folgende Schritte beachten:

Jetzt faltest du die oberen Ecken erneut zur Mitte, sodass eine kleine Spitze unter dem Dreieck hervorschaut. Diese wird nun nach oben gefaltet.

Einen Papierflieger basteln

Anschließend klappst du die entstandene Spitze nach unten – bis etwa 3 cm vor der unteren Kante des Papierbogens.

Zum Schluss faltest du die Flügel von der Spitze zur hinteren Kante.

Zuerst faltest du das Papier der Länge nach in der Mitte zusammen und wieder auseinander.

Fertig ist dein Papierflieger. Guten Flug!

Danach faltest du das Blatt nach hinten. Seine beiden Seiten liegen jetzt aufeinander.

① 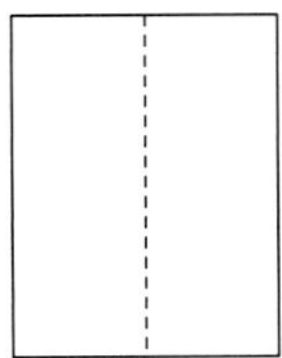

② 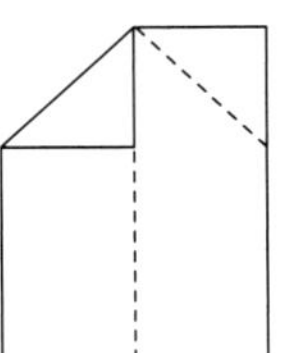

③ 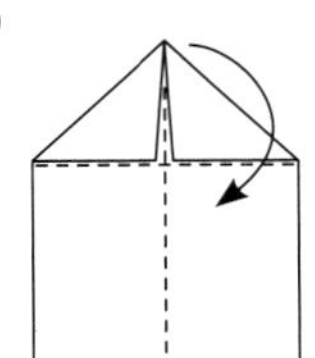 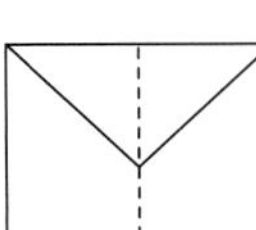

④ 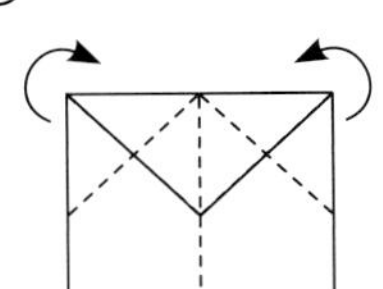 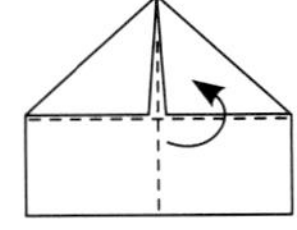

⑤  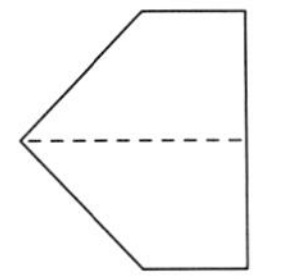 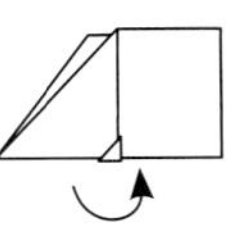

⑥  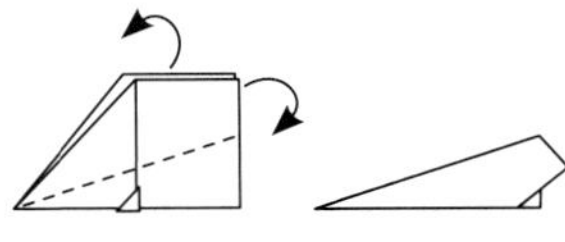

Sachlich oder nicht?

Eine **Vorgangsbeschreibung** ist immer **sachlich**.
Das heißt, dass du dort nicht deine eigene Meinung schreiben darfst. Auch ausschmückende Adjektive oder umgangssprachliche Wörter musst du in deiner Beschreibung weglassen.

1. Lies die Vorgangsbeschreibung.

Ein cooles Floß bauen

Zum Bau eines abgefahrenen Floßes brauchst du mehrere Stöcke, eine kleine Säge, eine Schnur, dünne Pappe und eine Schere. Das findest du alles bei Papa im Werkraum. Zuerst sägst du die Stöcke auf die gleiche Länge (ca. 20 cm) und bindest sie dann mit der extrafesten Schnur zusammen. Einen Stock verwendest du als Mast. Zum Schluss schneidest du aus dem Papier ein cooles Segel und befestigst es am Mast. Nun ist das beste Floß der Welt fertig und du kannst es auf dem Wasser schwimmen lassen.

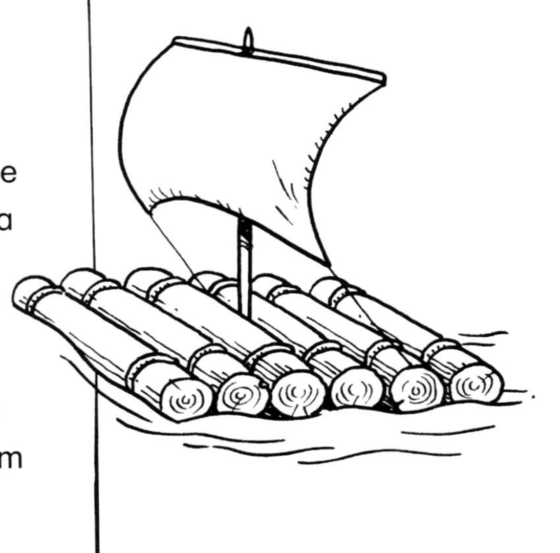

2. Streiche in der Vorgangsbeschreibung alle Informationen durch, die nicht hineingehören.

3. Schreibe die Vorgangsbeschreibung verbessert ab. Vergleiche mit deinem Partner.

....

....

....

....

....

....

Auf die Form kommt es an

Du kannst deine Vorgangsbeschreibung in der **„Ich“-**, **„Du“**- oder in der **„Man“-Form** schreiben. Wenn du dich für eine Ansprache entschieden hast, musst du dabei bleiben und den ganzen Text in der gewählten Form schreiben.

1. Lies die Vorgangsbeschreibung.

Einen Flaschengeist herstellen

Zuerst male ich mit dem Filzstift ein Gesicht auf den Luftballon. Danach fülle ich das Wasser in die leere Flasche. Nun gebe ich das Brausepulver hinzu. Dann ziehe ich den Luftballon möglichst schnell über den Flaschenhals. Nach kurzer Zeit wächst der Luftballon und der Flaschengeist ist fertig.

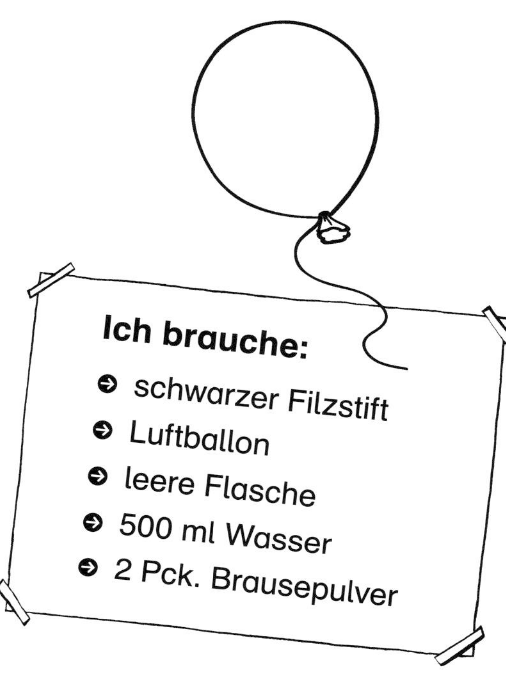

2. Schreibe die Anleitung in der „Du“-Form auf.

....

....

....

....

3. Schreibe die Verben in der „Ich“-, „Du“- und „Man“-Form auf.

Verb	**„Ich“-Form**	**„Du“-Form**	**„Man“-Form**
kleben	ich klebe		
schneiden			
füllen			
gießen			
nehmen			

Einen Vorgang nach Bildern beschreiben

1. **Schaue dir die Bilder und die einzelnen Schritte genau an.**

2. **Schreibe eine Vorgangsbeschreibung.**

Abb.: Anja Boretzki

Checkliste „Vorgangsbeschreibung“

Name: ....

Kriterien	*Bewertung* (Sonne)	(Sonne mit Wolke)	(Wolke)	(Regenwolke)
1. Inhalt				
Ich habe eine **passende Überschrift** gewählt.				
Ich habe einen kurzen **Einleitungssatz** geschrieben.				
Ich habe **alle benötigten Materialien** aufgeschrieben.				
Ich habe **alle Schritte** genau und ausführlich beschrieben.				
Ich habe die **richtige Reihenfolge** eingehalten.				
2. Sprachliche Gestaltung				
Ich habe in klar **abgegrenzten Sätzen** geschrieben (Satzzeichen).				
Ich habe in der **Gegenwart** (Präsens) geschrieben.				
Ich habe die gleiche **Personalform** durchgängig verwendet („Ich“-, „Du“- oder „Man“-Form).				
Ich habe **abwechslungsreiche Satzanfänge** verwendet.				
Ich habe **abwechslungsreiche Verben** verwendet.				
Ich habe **sachlich**, ohne eigene Meinung geschrieben.				
3. Äußere Form				
Ich habe auf die **Rechtschreibung** geachtet (Wörterbuch).				
Ich habe die Vorgangsbeschreibung **gut lesbar** und **sauber** aufgeschrieben.				

Darauf muss ich beim nächsten Mal achten: ....

....

....

Schreibkonferenz „Vorgangsbeschreibung"

1. **Lies deine Vorgangsbeschreibung in der Schreibkonferenz vor. Deine Mitschüler hören aufmerksam zu.**
2. **Besprecht die Kontrollfragen und bewertet den Text gemeinsam.**

Name: ....

Bewertung

Kontrollfragen	(Sonne)	(Sonne mit Wolke)	(Wolke)	(Regenwolke)
Habe ich eine **passende Überschrift** gewählt?				
Habe ich einen kurzen **Einleitungssatz** geschrieben?				
Habe ich **alle benötigten Materialien** aufgeschrieben?				
Habe ich **alle Schritte** genau und ausführlich beschrieben?				
Habe ich die **richtige Reihenfolge** eingehalten?				
Habe ich in der **Gegenwart** (Präsens) geschrieben?				
Habe ich die gleiche **Personalform** durchgängig verwendet („Ich"-, „Du"- oder „Man"-Form)?				
Habe ich **abwechslungsreiche Satzanfänge** verwendet?				
Habe ich **abwechslungsreiche Verben** verwendet?				
Habe ich **sachlich**, ohne eigene Meinung geschrieben?				

3. **Schreibe hier die Tipps auf, die du von deinen Mitschülern erhalten hast.**

....

....

....

Abb.: Anja Boretzki

Klassenarbeit „Vorgangsbeschreibung"

Name:

Datum:

1. **Schaue dir die Bilder und die einzelnen Schritte genau an.**
2. **Schreibe eine möglichst genaue Vorgangsbeschreibung.**

Fahrradreifen flicken: *beschädigter Fahrradreifen*
Luftpumpe
Eimer mit Wasser
Schmirgelpapier
Gummi-Klebstoff
Flicken

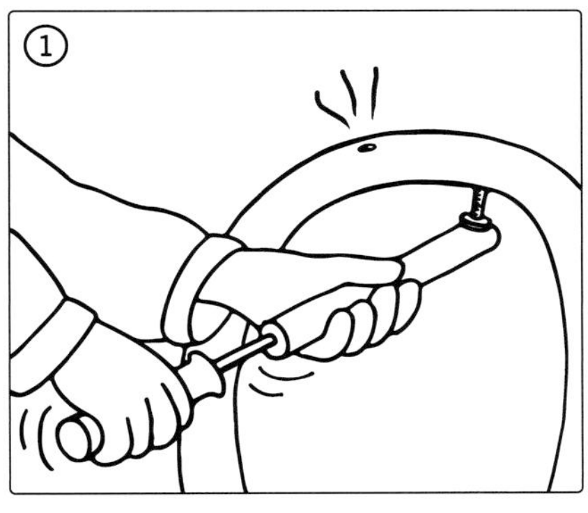

aufpumpen

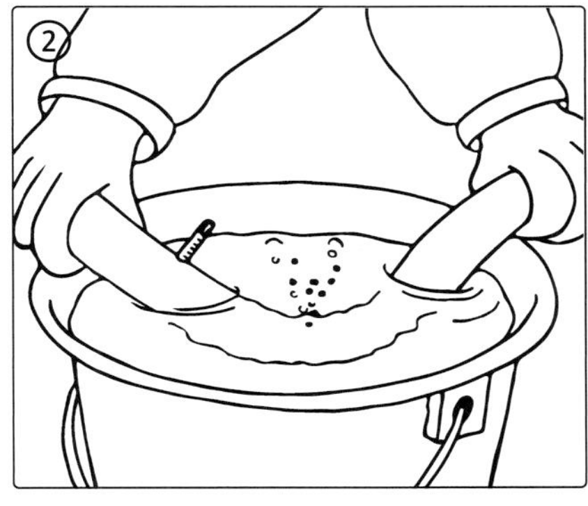

Loch finden

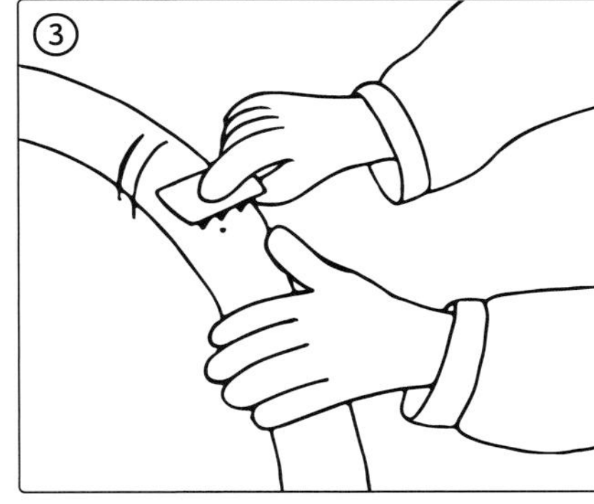

Oberfläche anrauen

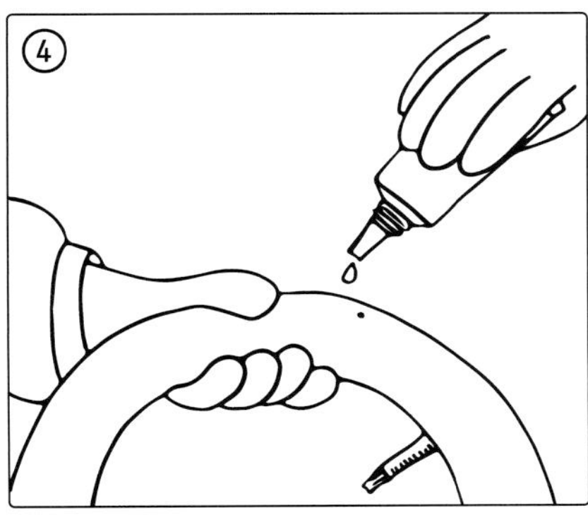

Klebstoff auftragen

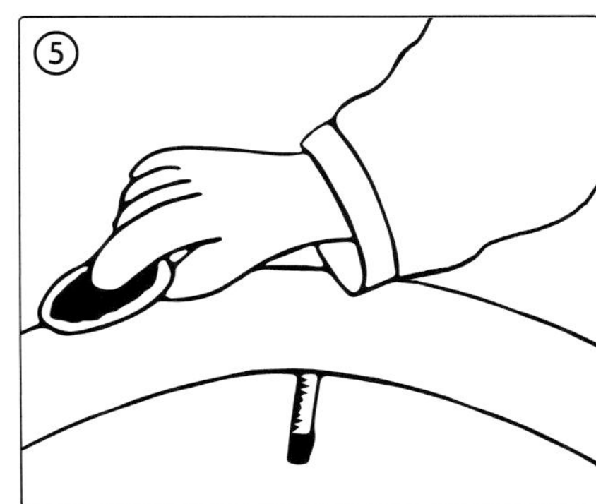

Flicken auflegen

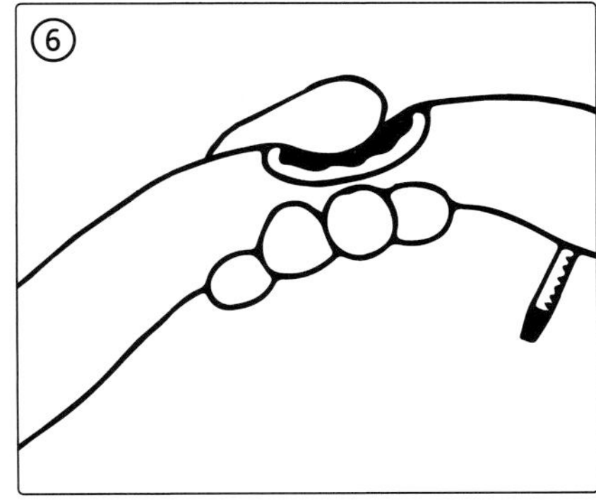

Flicken 5 Sek. festdrücken

Schwein: Anja Boretzki; Schlauch flicken: Jens Müller
 | ISBN 978-3-8346-3583-9 | www.verlagruhr.de

Beurteilungsbogen „Vorgangsbeschreibung"

Name: ....

Kriterien	Bewertung: Sonne	Sonne mit Wolke	Wolke	Regenwolke
1. Inhalt				
Du hast eine **passende Überschrift** gewählt.				
Du hast einen **kurzen Einleitungssatz** geschrieben.				
Du hast **alle benötigten Materialien** aufgeschrieben.				
Du hast **alle Schritte** genau und ausführlich beschrieben.				
Du hast die **richtige Reihenfolge** eingehalten.				
2. Sprachliche Gestaltung				
Du hast in klar **abgegrenzten Sätzen** geschrieben (Satzzeichen).				
Du hast in der **Gegenwart** (Präsens) geschrieben.				
Du hast die gleiche **Personalform** durchgängig verwendet („Ich"-, „Du"- oder „Man"-Form).				
Du hast **abwechslungsreiche Satzanfänge** verwendet.				
Du hast **abwechslungsreiche Verben** verwendet.				
Du hast **sachlich**, ohne eigene Meinung geschrieben.				
3. Äußere Form				
Du hast auf die **Rechtschreibung** geachtet.				
Du hast die Vorgangsbeschreibung **gut lesbar** und **sauber** aufgeschrieben.				

Gesamtnote: ☐

....
Datum, Unterschrift Lehrkraft

....
Datum, Unterschrift Erziehungsberechtigte

Abb.: Anja Boretzki

Rezept

Abb.: Anja Boretzki

Gelungen oder nicht?

1. Lies die beiden Rezepte.

Kräuterquark

Heute Mittag hatte ich großen Hunger. Da habe ich Petersilie zerkleinert. Ach ja, Schnittlauch habe ich auch geschnitten. Da klingelte das Telefon und ich musste eine kurze Pause machen. Dann holte ich mir eine Gurke aus dem Kühlschrank und rieb sie klein. Vorher habe ich sie natürlich geschält. Den Quark habe ich mit Milch verrührt und die Sachen von eben hineingetan. Salz und Pfeffer hatte ich auch und ein paar Sonnenblumenkerne. Das war lecker auf meinem Brot!

Kräuterquark

Zutaten

- 500 g Magerquark
- 1 Bund Petersilie
- 1 Bund Schnittlauch
- ½ Salatgurke
- 20 g Sonnenblumenkerne
- 1 TL Zitronensaft
- 2 EL Milch
- 1 Prise Salz und Pfeffer

- Messer
- Schüssel
- Reibe

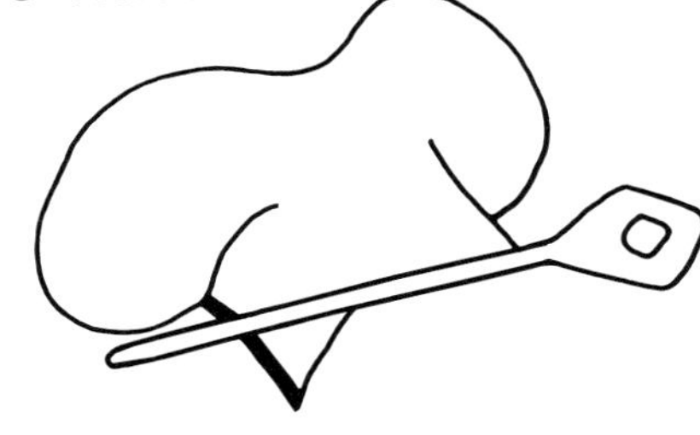

Zubereitung

Zuerst wäschst du die Petersilie, den Schnittlauch und die Gurke. Dann zerkleinerst du die Petersilie mit einem Messer und hackst den Schnittlauch in kleine Ringe. Anschließend schälst du die Gurke und reibst sie mit einer Reibe fein. Danach gibst du den Quark und die Milch in eine große Schüssel und verrührst beides zu einer cremigen Quarkmasse. Anschließend gibst du die Kräuter, die Gurke und den Zitronensaft hinzu. Zum Schluss schmeckst du deinen Quark noch mit Salz und Pfeffer ab und streust die Sonnenblumenkerne darüber.

2. Welches Rezept hat dir besser gefallen? Begründe.

....

....

....

....

....

 | ISBN 978-3-8346-3583-9 | www.verlagruhr.de

Rezept

Überschrift

Rezept

Zutatenliste

Rezept

benötigte Küchengeräte

Rezept

Personalform

(„ich“, „du“, „man“)

Rezept

Reihenfolge

Rezept

abwechslungsreiche Satzanfänge

Rezept

passende Verben

Rezept

sachlich beschreiben

Rezept

Gegenwart

(Präsens)

© Verlag an der Ruhr | Autorinnen: R. Dransmann, S. Sölter | ISBN 978-3-8346-3583-9 | www.verlagruhr.de

Hosentaschen-Buch

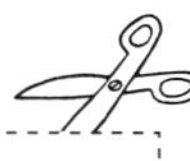

Mein Hosentaschen-Buch

Rezept

Name: ....

Überschrift

Wähle eine Überschrift, die **sachlich** und **kurz** sagt, worum es in deinem Rezept geht.

Beispiele:
- *Gemüsesuppe*
- *Pizzateig*
- *~~Den besten Pizzateig der Welt zubereiten~~*
- *~~Eine leckere Tomatensuppe kochen~~*

Zutatenliste

Liste alle benötigten Zutaten auf. Gib auch die Menge an.

Beispiel:

Tomatensauce
- 1 Dose Tomaten
- 1 Zwiebel
- 1 EL Olivenöl ...

Materialliste

Notiere alle Hilfsmittel/Küchengeräte, die du für die Zubereitung benötigst.

Beispiele:
- *Kochlöffel*
- *Schneebesen*
- *Küchenwaage*
- *Backblech*
- *Sieb*
- *Auflaufform*

Personalform

Schreibe dein Rezept in der **„Ich“-**, **„Du“-** oder **„Man“-Form.**

Beispiel:

schneiden → *ich* schneide / *du* schneidest / *man* schneidet

Abwechslungsreiche Satzanfänge

Zuerst ..., Zu Beginn ...,
Als Erstes ..., Dann ...,
Danach ..., Gleich darauf ...,
Als Zweites ..., Zunächst ...,
Anschließend ..., Jetzt ...,
Schließlich ..., Nun ...,
Zuletzt ..., Als Letztes ...,
Zum Schluss ..., Am Ende ...

Nützliche Verben

geben, hacken, schneiden, rühren, zerkleinern, reiben, hinzugeben, gießen, wiegen, umfüllen, bestreichen, abmessen, backen, nehmen, braten, rollen, ausrollen, kochen, streuen, belegen, waschen, kneten, warten, befüllen

Allgemeine Tipps

- *Schreibe in der richtigen Reihenfolge.*
- *Beschreibe alle Schritte ausführlich und genau.*
- *Schreibe sachlich, keine eigene Meinung.*
- *Gestalte dein Rezept übersichtlich.*

Viel Spaß beim Ausprobieren der Rezepte!

Abb.: Anja Boretzki

Die richtige Reihenfolge finden

1. Ordne den Text den Bildern richtig zu.
Die richtige Zuordnung verrät dir den Namen des Gerichts.

①	②
③	④

○	Zum Schluss schmeckst du das Gericht mit Salz und Pfeffer ab und lässt es für weitere 20 min kochen.	PE
○	Zuerst schneidest du das Gemüse in kleine Stücke.	GEM
○	Dann kochst du die Kartoffeln.	ÜSE
○	Nach 15 min gibst du das restliche Gemüse und die klare Brühe hinzu und kochst alles auf.	SUP

Name des Gerichts: ....

2. Bei dem Bratapfel-Rezept ist einiges durcheinandergeraten.
Nummeriere die Sätze und schreibe sie anschließend
in der richtigen Reihenfolge auf. Schreibe auch eine Zutatenliste.

○	Anschließend befüllst du die ausgehöhlten Äpfel mit der Rosinen-Nuss-Honig-Mischung.
○	Jetzt backst du die Äpfel bei 200 °C für 25 min.
○	Als Erstes höhlst du die 6 gewaschenen Äpfel mit einem Messer und einem Löffel aus.
○	Vor dem Backen bestreichst du jeden Apfel noch mit etwas Butter.
○	Dann vermischst du 50 g Rosinen und 50 g Nüsse mit 1 EL Honig in einer Schüssel.
○	Wenn die Schale der Äpfel leichte Risse bekommt, sind sie gar.
○	Zum Schluss kannst du noch etwas Vanillesauce über die Äpfel gießen.

Abb.: Anja Boretzki

Rezeptvorlage

© Verlag an der Ruhr | Autorinnen: R. Dransmann, S. Sölter | ISBN 978-3-8346-3583-9 | www.verlagruhr.de

Abwechslungsreiche Satzanfänge

1. Lies das Rezept.

Getrocknete Apfelringe

Zuerst schälst du die Äpfel. Dann entfernst du alle Kerne und das Kerngehäuse. Dann schneidest du die Äpfel in 2 cm breite Ringe. Dann legst du die Apfelringe für 5 min in eine Schüssel mit Zitronenwasser. Dann kommen sie zum Trocknen auf etwas Küchenpapier. Dann fädelst du die Apfelringe auf eine Schnur und hängst sie auf. Dann lässt du sie einige Tage trocknen. Dann sind die Apfelringe fertig.

Das brauchst du:

- 2 Äpfel
- Zitronenwasser
- Apfel-Entkerner
- Messer, Brettchen
- Schüssel
- Küchenpapier
- Schnur

2. Unterstreiche alle Satzanfänge. Was fällt dir auf?

....

3. Schreibe das Rezept verbessert ab. Benutze dabei folgende Satzanfänge:

Zuerst – Dann – Nun – Anschließend – Schließlich – Danach – Zum Schluss – Als Nächstes

....

....

....

....

....

....

....

....

....

Abb.: Astrid Wilkesmann

Treffende Verben

1. Lies das Rezept.

Pfannkuchen

Zuerst tue ich 150 g Mehl in eine Schüssel. Anschließend tue ich 125 ml Milch und 125 ml Wasser dazu. Nun tue ich noch zwei Eier, eine Prise Salz und eine Prise Zucker dazu. Danach verrühre ich alles zu einem glatten Teig. Schließlich tue ich den Teig mit etwas Öl in die Pfanne. Wenn die Pfannkuchen goldbraun sind, tue ich sie mit einem Pfannenwender aus der Pfanne.

Zutaten

....

....

....

....

....

....

....

2. Was fällt dir auf?

....

....

3. Unterstreiche alle Verben, die zu verbessern sind. Ersetze die Wörter durch passende Verben und schreibe das verbesserte Rezept auf. Schreibe auch eine Zutatenliste.

....

....

....

....

....

....

....

....

Sachlich oder nicht?

In einem **Rezept** informierst du eine andere Person, wie etwas zubereitet wird. Bleibe dabei immer **sachlich** und fasse dich **kurz**. Deine eigene Meinung oder unnütze zusätzliche Satzteile gehören hier nicht hinein.

1. Streiche in dem Rezept alle Informationen durch, die nicht hineingehören.

Ein Sandwich machen

Zuerst bestreicht man am Mittag die untere Brotscheibe mit Mayonnaise, die Mama im Kühlschrank stehen hat. Darauf legt man eine Scheibe Käse – am besten den vom Wochenmarkt. Danach schneidet man 3–4 Gurkenscheiben und legt sie auf den Käse. Mmh, das sieht schon lecker aus. Darüber kommt ein gewaschenes Salatblatt. Nun schneidet man eine sonnengereifte, schöne, rote Tomate mit einem scharfen Messer in Scheiben und legt sie auf das Salatblatt. Zum Schluss streut man noch etwas Salz und Pfeffer auf das Sandwich (Achtung, keinen Pfeffer in die Nase bekommen, sonst muss man niesen!) und legt die andere schöne Brotscheibe darauf. Fertig ist das leckerste und beste Sandwich der Welt!

Zutaten

- 2 Schreiben Brot
- 1 Scheibe Käse
- 3–4 Gurkenscheiben
- 1 Salatblatt
- 1 Tomate
- 1 EL Mayonnaise
- Salz und Pfeffer
- viel Hunger
- Messer, Brettchen

2. Schreibe das Rezept verbessert ab. Vergleiche mit deinem Partner.

....

....

....

....

....

....

Auf die Form kommt es an

Du kannst dein Rezept in der **„Ich“-**, **„Du“-** oder in der **„Man“-Form** schreiben. Wenn du dich für eine Ansprache entschieden hast, musst du dabei bleiben und das ganze Rezept in der gewählten Form schreiben.

1. Lies das Rezept.

Tomate-Mozzarella-Spieße

Zuerst bereite ich aus Pesto, Essig, Öl, Salz und Pfeffer eine Marinade zu. Dann lasse ich die Mozzarella-Kugeln abtropfen und lege sie über Nacht in der Marinade ein. Am nächsten Tag wasche ich die Kirschtomaten und das Basilikum. Nun stecke ich abwechselnd eine Tomate, ein Basilikumblatt und eine marinierte Mozzarella-Kugel auf einen Zahnstocher. Zum Schluss schütte ich die übrige Marinade vorsichtig über alle Spieße.

Zutaten

- 500 g Kirschtomaten
- 250 g Mozzarella-Kugeln
- 1 Bund Basilikum
- 3 TL Pesto alla Genovese
- 3 EL Essig
- 6 EL Olivenöl
- Salz
- Pfeffer

2. Schreibe das Rezept in der „Man“-Form auf.

Ein Rezept nach Bildern schreiben

1. Schaue dir die Bilder und die einzelnen Schritte genau an.

Omelette

1 rote Paprika,
8 Radieschen,
Schnittlauch, 6 Eier,
1 Tasse Milch,
Salz, Pfeffer, Öl

2. Schreibe das Rezept.

Abb.: Anja Boretzki

© Verlag an der Ruhr | Autorinnen: R. Dransmann, S. Sölter | ISBN 978-3-8346-3583-9 | www.verlagruhr.de

Checkliste „Rezept"

Name: ....

Kriterien	Bewertung: sonnig	sonnig/wolkig	wolkig	Regen
1. Inhalt				
Ich habe eine **passende Überschrift** gewählt.				
Ich habe **alle Zutaten** mit ihren Mengenangaben aufgelistet.				
Ich habe **alle benötigten Küchenutensilien** aufgeschrieben.				
Ich habe **alle Schritte** genau und ausführlich beschrieben.				
Ich habe die **richtige Reihenfolge** eingehalten.				
2. Sprachliche Gestaltung				
Ich habe in klar **abgegrenzten Sätzen** geschrieben (Satzzeichen).				
Ich habe in der **Gegenwart** (Präsens) geschrieben.				
Ich habe die gleiche **Personalform** durchgängig verwendet („Ich"-, „Du"- oder „Man"-Form).				
Ich habe **abwechslungsreiche Satzanfänge** verwendet.				
Ich habe **abwechslungsreiche Verben** verwendet.				
Ich habe **sachlich**, ohne eigene Meinung geschrieben.				
3. Äußere Form				
Ich habe auf die **Rechtschreibung** geachtet (Wörterbuch).				
Ich habe das Rezept **gut lesbar** und **sauber** aufgeschrieben.				

Darauf muss ich beim nächsten Mal achten: ....

....

....

Abb.: Anja Boretzki

© Verlag an der Ruhr | Autorinnen: R. Dransmann, S. Sölter | ISBN 978-3-8346-3583-9 | www.verlagruhr.de

Schreibkonferenz „Rezept"

1. **Lies dein Rezept in der Schreibkonferenz vor. Deine Mitschüler hören aufmerksam zu.**
2. **Besprecht die Kontrollfragen und bewertet das Rezept gemeinsam.**

Name: ....

Kontrollfragen	*Bewertung* ☀	🌤	☁	🌧
Habe ich eine **passende Überschrift** gewählt?				
Habe ich **alle Zutaten** mit ihren Mengenangaben aufgelistet?				
Habe ich **alle benötigten Küchenutensilien** aufgeschrieben?				
Habe ich **alle Schritte** genau und ausführlich beschrieben?				
Habe ich die **richtige Reihenfolge** eingehalten?				
Habe ich in der **Gegenwart** (Präsens) geschrieben?				
Habe ich die gleiche **Personalform** durchgängig verwendet („Ich"-, „Du"- oder „Man"-Form)?				
Habe ich **abwechslungsreiche Satzanfänge** verwendet?				
Habe ich **abwechslungsreiche Verben** verwendet?				
Habe ich **sachlich**, ohne eigene Meinung geschrieben?				

3. **Schreibe hier die Tipps auf, die du von deinen Mitschülern erhalten hast.**

....

....

....

....

Abb.: Anja Boretzki

Klassenarbeit „Rezept“

Name:	Datum:

1. Schaue dir die Bilder und die einzelnen Schritte genau an.

2. Schreibe das Rezept mit Zutatenliste und den benötigten Materialien auf.
Schoko-Mandel-Bällchen: *125 g Butter, 1 Tasse Mehl, 1 Glas Zucker, 3 EL Kakao, 1 Ei, 1 Prise Salz, 125 g Mandeln*

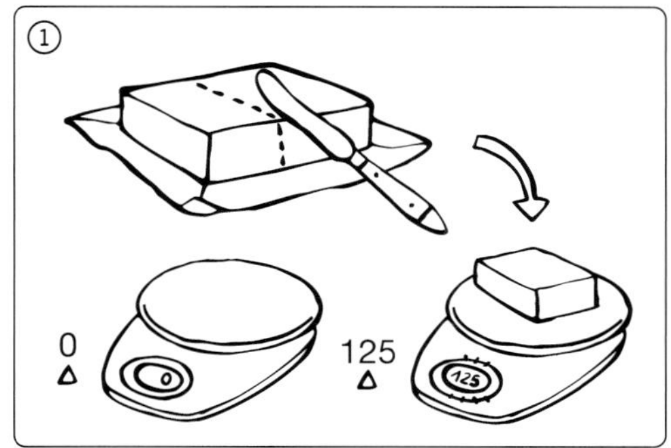

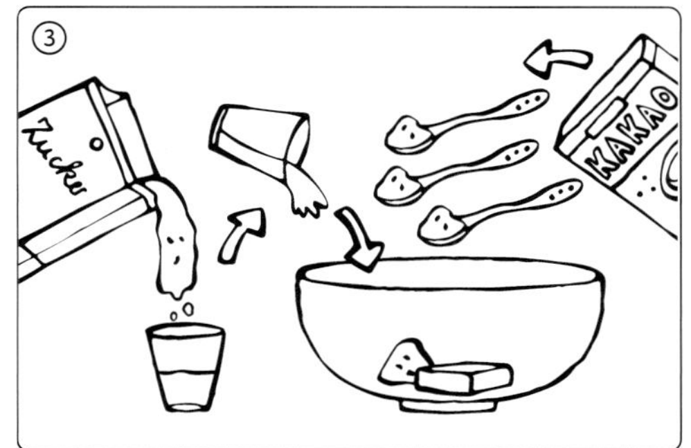

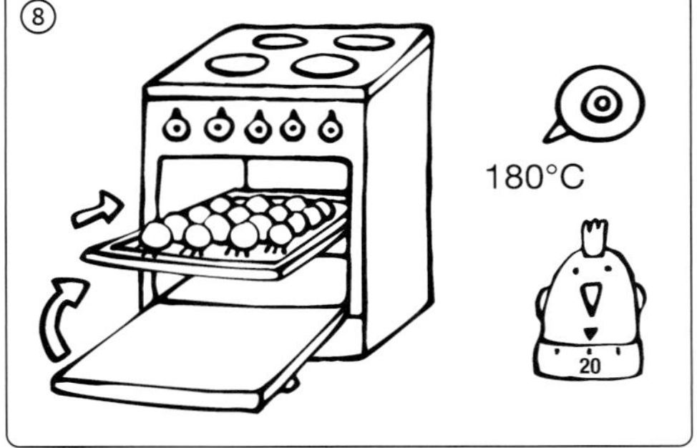

Abb.: Anja Boretzki

Beurteilungsbogen „Rezept"

Name: ....

Kriterien	Bewertung: sehr gut (Sonne)	gut (Sonne mit Wolke)	befriedigend (Wolke)	nicht gut (Regenwolke)
1. Inhalt				
Du hast eine **passende Überschrift** gewählt.				
Du hast **alle Zutaten** mit ihren Mengenangaben aufgelistet.				
Du hast **alle benötigten Küchenutensilien** aufgeschrieben.				
Du hast **alle Schritte** genau und ausführlich beschrieben.				
Du hast die **richtige Reihenfolge** eingehalten.				
2. Sprachliche Gestaltung				
Du hast in klar **abgegrenzten Sätzen** geschrieben (Satzzeichen).				
Du hast in der **Gegenwart** (Präsens) geschrieben.				
Du hast die gleiche **Personalform** durchgängig verwendet („Ich"-, „Du"- oder „Man"-Form).				
Du hast **abwechslungsreiche Satzanfänge** verwendet.				
Du hast **abwechslungsreiche Verben** verwendet.				
Du hast **sachlich**, ohne eigene Meinung geschrieben.				
3. Äußere Form				
Du hast auf die **Rechtschreibung** geachtet.				
Du hast das Rezept **gut lesbar** und **sauber** aufgeschrieben.				

Gesamtnote: ☐

.... *Datum, Unterschrift Lehrkraft*

.... *Datum, Unterschrift Erziehungsberechtigte*

Abb.: Anja Boretzki

Lexikon-eintrag

Abb.: Anja Boretzki

Gelungen oder nicht?

1. Lies die beiden Lexikoneinträge.

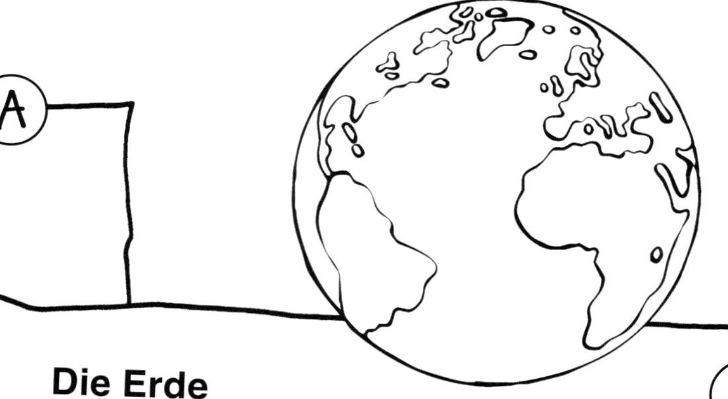

A

Die Erde

Die Erde ist einer von vielen anderen Planeten, die um die Sonne kreisen. Sie ist der coolste Planet von allen! Nur auf der Erde gibt es Wasser und Luft, also Sauerstoff zum Leben. Deshalb können wir Menschen hier leben und natürlich die ganzen Pflanzen und Viecher. Das Licht bekommen wir von der Sonne, die etwas weiter entfernt ist. Die Erde besteht aus mehreren Kontinenten. Es gibt eine größte Insel, einen längsten Fluss und natürlich auch den höchsten Berg der Erde. Die meisten Menschen leben in China auf einem anderen Kontinent.

B

Die Erde

Die Erde ist einer von acht Planeten, die um die Sonne kreisen. Nur auf der Erde gibt es ausreichend Wasser und Sauerstoff in der Atmosphäre. Deshalb können hier Menschen, Pflanzen und Tiere leben. Die Erde bekommt ihr Licht von der Sonne, die 149 600 000 km entfernt ist. Die Erde besteht insgesamt aus sieben Kontinenten: Afrika, Europa, Asien, Nordamerika, Südamerika, Australien/Ozeanien und Antarktis. Die größte Insel der Erde ist Grönland. Der längste Fluss ist der Nil in Afrika mit einer Länge von 6 671 km. Der Mount Everest in Nepal ist mit 9 000 m der höchste Berg der Erde. Das Land mit den meisten Bewohnern ist China mit knapp 1,4 Milliarden Menschen.

2. Welcher Lexikoneintrag hat dir besser gefallen? Begründe.

....

....

....

....

....

Tafelkarten

Lexikoneintrag

Überschrift

(Artikel & Nomen)

Lexikoneintrag

Fachbegriffe

Lexikoneintrag

Fakten in Zahlen

(Größe, Alter, Gewicht …)

Lexikoneintrag

verständlich & genau

Lexikoneintrag

keine Ausschmückungen

Lexikoneintrag

keine eigene Meinung

Hosentaschen-Buch

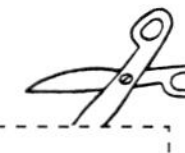

Mein Hosentaschen-Buch

Lexikoneintrag

Name: ....

Abb.: Anja Boretzki

Informationen sammeln

Wenn du noch Informationen zu deinem Thema brauchst, informiere dich in **Sachbüchern** oder im **Internet**, z. B. unter:

- *www.blinde-kuh.de*
- *www.fragfinn.de*
- *www.hamsterkiste.de*

Oberbegriffe finden

Strukturiere dein Thema mit Oberbegriffen.

Beispiel: Die Schnecke

- *Lebensraum*
- *Aussehen*
- *Ernährung*
- *Nachkommen*
- *Überwinterung*

Der Steckbrief

Schreibe zu den einzelnen Oberbegriffen **Stichpunkte** auf. So entsteht ein erster Steckbrief für deinen Lexikoneintrag.

Beispiel: Die Schnecke

- *Lebensraum*
- *Wiese*
- *Garten*
- *Waldrand*

Den Lexikoneintrag schreiben

Schreibe mit Hilfe deiner Stichpunkte einen Text. Achte dabei auf eine logische **Reihenfolge**.

Beispiel: Die Schnecke
Schnecken leben in Gärten, auf Wiesen oder am Waldrand. Sie haben einen länglichen Körper …

Überschrift

Deine Überschrift besteht nur aus einem **Artikel** und einem **Nomen**.

Beispiele:

- *Die Hauskatze*
- *Der Vulkan*
- ~~*Die süße Hauskatze mit braunem Fell*~~
- ~~*Der riesige Vulkan*~~

Satzanfänge

Beginne deine Sätze mit dem Nomen, das du beschreibst, oder mit einem deiner Oberbegriffe.

Beispiel: Die Schnecke

- *Die Schnecke ernährt sich von …*
- *Im Winter gräbt …*
- *Ihre Feinde sind …*

Allgemeine Tipps

- Verwende Fachbegriffe.
- Nenne Zahlen und Fakten (Größe, Gewicht …).
- Vermeide Ausschmückungen.
- Schreibe keine eigene Meinung.

Abb.: Anja Boretzki

© Verlag an der Ruhr | Autorinnen: R. Dransmann, S. Sölter | ISBN 978-3-8346-3583-9 | www.verlagruhr.de

Einen Lexikoneintrag planen

Bei deiner **Recherche** findest du sicher viele Informationen zu deinem Thema. Nun musst du diese kurz zusammenfassen und nach **Oberbegriffen** sortieren. Das hilft dir später, deinen Lexikoneintrag zu schreiben.

1. Lies die Informationen zur Kreuzotter.

Auf dem Rücken hat die Kreuzotter ein dunkles Zickzack-Muster.

Die Kreuzotter ist eine kleine bis mittelgroße Giftschlange.

Die Kreuzotter lebt in Mittel- und Nordeuropa sowie in Russland und Teilen Asiens.

Kreuzottern brüten ihre 5–15 Eier im Körper aus.

Das Gewicht beträgt 100–200 Gramm.

Kreuzottern paaren sich im Frühjahr.

Die Kreuzotter ist die einzige Schlangenart, die auch nördlich des Polarkreises angetroffen werden kann.

Die Färbung ist sehr unterschiedlich: silbergrau, gelb, grün, braun, blau-grau, orange, rotbraun oder schwarz.

Die Kreuzotter erreicht eine Länge von 50–70 cm.

Die Jungen kommen zwischen August und Oktober auf die Welt.

2. Markiere alle Informationen zum Oberbegriff „Aussehen“ grün.

**3. Finde zwei weitere Oberbegriffe und schreibe sie in die Kästchen.
Markiere die passenden Informationen jeweils in unterschiedlichen Farben.**

Oberbegriffe finden

Wenn du einen Lexikoneintrag schreiben möchtest, suche zuerst passende **Oberbegriffe**. Überlege, was wichtig ist und was du vielleicht auch weglassen kannst.

1. Lies den Lexikoneintrag.

Der Kolibri

Der Kolibri zählt zu den kleinsten Vögeln der Erde. Er ist 5–25 cm groß und wiegt zwischen 1,6 und 24 g. Sein Gefieder ist farbenfroh und schimmert oft metallisch. Der Kolibri ist für seine Flugkünste bekannt: Er kann rückwärts, seitwärts und sogar auf der Stelle fliegen.
Dabei schlägt er 40–50-mal in der Sekunde mit seinen Flügeln. Der Kolibri lebt ausschließlich in Amerika. Er ernährt sich von Blütennektar und Insekten.

Der Schnabel des Schwertschnabelkolibris ist fast so lang wie der ganze Körper. Kolibris bauen kleine Nester aus Moos, Flechten und Spinnweben. Das Weibchen brütet dann 14–19 Tage. Es unterscheidet sich von dem Männchen durch einen auffällig bunten Schwanz, womit es auf dieses Eindruck macht. Die natürlichen Feinde des Kolibris sind Schlangen, Marder, Greifvögel und Katzen.

2. Finde die passenden Textstellen zu den folgenden Oberbegriffen.
Unterstreiche in verschiedenen Farben:
Aussehen – Nahrung – Fortpflanzung – Besonderheiten

3. Schreibe zu den folgenden Oberbegriffen Stichwörter auf.

Lebensraum: ....

Aussehen: ....

....

Nahrung: ....

Fortpflanzung: ....

Feinde: ....

Besonderheiten: ....

Abkürzungen

In **Lexikoneinträgen** findest du häufig **Abkürzungen** für bestimmte Begriffe.

1. Lies den Lexikoneintrag.

Der Löwenzahn

Der Löwenzahn hat seinen Namen von seinen zackigen Blättern. Diese sehen z. T. wie die Zähne eines Löwen aus und bestehen aus über 200 einzelnen Blütenblättern. Die Pfl. wird aber auch Kuhblume, Milchblume, Teufelsblume od. ugs. Pusteblume genannt. Wenn die Blüte verblüht ist, entstehen kleine Schirmchen mit einem Samenkorn.

Der Löwenzahn kann fast überall wachsen und ist sehr resistent. Dies hat er v. a. seiner ca. 50 cm langen Wurzel zu verdanken, mit der er sich z. B. zwischen Pflastersteinen oder an Mauern festhalten kann. Die kleinen, grünen Blätter können zu Salat verarbeitet werden. Sie schmecken jedoch etw. bitter.

2. Unterstreiche die Abkürzungen im Text. Ordne zu.

Pflanze: ....

etwas: ....

circa: ....

zum Beispiel: ....

vor allem: ....

Zentimeter: ....

zum Teil: ....

umgangssprachlich: ....

oder: ....

3. Finde weitere Abkürzungen und schreibe sie mit Erklärung auf. Nutze ein Lexikon zur Unterstützung.

Abkürzung	ausgeschriebenes Wort

Die Sprache bei einem Lexikoneintrag

In einem **Lexikoneintrag** musst du **sachlich schreiben.**
Eigene Meinungen oder Gefühle dürfen hier nicht beschrieben werden.
Auch umgangssprachliche Ausdrücke wie „mega" oder „cool" gehören nicht in deinen Text.

1. Lies den Lexikoneintrag.

New York

New York ist mit 19 Millionen Menschen in der City und Umgebung die größte Stadt der Vereinigten Staaten von Amerika (USA). Das ist voll viel! Sie ist eine Weltstadt, die viele Touristen anzieht und in der viele große Firmen ansässig sind. Da will ich auch mal hin. Im 17. Jahrhundert siedelten sich Niederländer (die Holländer mit dem leckeren Käse) an und kauften die heutige Insel Manhattan, auf der sie Neu-Amsterdam gründeten. Dann eroberten die Briten die Insel und tauften sie auf den Namen New York. Zunächst war New York die Hauptstadt der USA. Seit 1800 ist es leider Washington.
Im 19. Jahrhundert kamen viele Einwanderer aus Europa nach Amerika und siedelten sich auch in New York an. Die Stadt wuchs raketenmäßig schnell. Heute ist New York durch seine riesigen, megacoolen Wolkenkratzer weltweit bekannt. Weitere Sehenswürdigkeiten sind die Freiheitsstatue, die Brooklyn Bridge, das Empire State Building, das One World Trade Center sowie einige langweilige Museen wie das MoMa oder das Naturkundemuseum.

2. Was ist in dem Text nicht beachtet worden?

....

....

....

3. Streiche im Text alle Teile durch, die nicht hineingehören.
Schreibe den verbesserten Text auf.

Einen Steckbrief schreiben

Mit Hilfe eines **Steckbriefs** und passenden Oberbegriffen kannst du deinen Text vorstrukturieren. Durch diese **Vorarbeit** wird es für dich leichter, deinen Lexikoneintrag zu schreiben.

Schreibe einen Steckbrief zu einem Thema, das dich besonders interessiert. Finde passende Oberbegriffe und notiere die wichtigsten Informationen in Stichpunkten.

....

Thema

.... : ....

....

....

.... : ....

....

....

.... : ....

....

....

.... : ....

....

....

Vom Steckbrief zum Lexikoneintrag

Schreibe mit Hilfe des Steckbriefs einen Lexikoneintrag.

Die Muschel

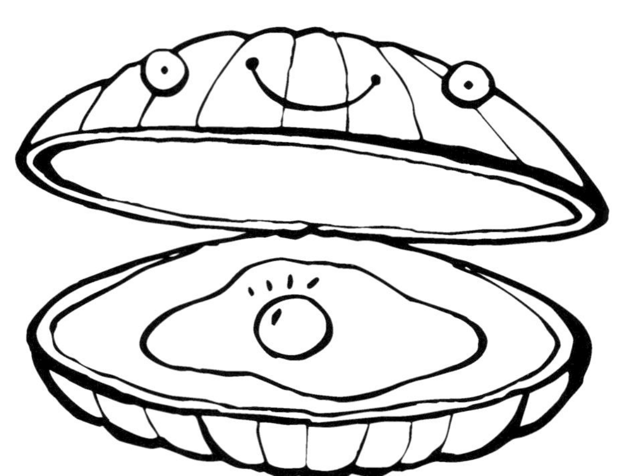

Lebensraum:
- → Süßwasser
- → Salzwasser
- → Flüsse
- → Seen
- → Tümpel

Aussehen:
- → große Vielfalt an Größe und Form (länglich, rund, oval, stachelig …)
- → viele Farben (braun, grau, gelb, orange, rot, schwarz …)
- → Gehäuse aus Kalk

Nahrung:
- → Plankton
- → Bakterien
- → Nahrungsaufnahme: Filterung des Atemwassers

Fortpflanzung:
- → männliche und weibliche Tiere
- → nach Befruchtung entwickeln sich kleine Larven, eine Jungmuschel entsteht
- → Jungmuschel wird am Meeresgrund oder an anderen Muscheln befestigt, so entstehen Muschelbänke (z. B. Miesmuschel im Wattenmeer)

Besonderheiten:
- → einige Muscheln können Perlen und Perlmutt herstellen
- → werden zu teurem Schmuck weiterverarbeitet

Einen Lexikoneintrag planen und schreiben

1. Wähle ein Thema, zu dem du einen Lexikoneintrag schreiben möchtest:

2. Informiere dich über dein Thema (zum Beispiel Sachbücher, Internet).

3. Ordne die gefundenen Informationen nach Oberbegriffen und mache dir hier Notizen.

Klebe hier ein passendes Bild ein.

4. Schreibe mit Hilfe deiner Notizen einen Lexikoneintrag.

Bilder und Ideen für deinen Lexikoneintrag

Schreibe einen Lexikoneintrag zu einem Thema deiner Wahl.

Abb.: Anja Boretzki

Checkliste „Lexikoneintrag"

Name: ....

Kriterien	Bewertung: sehr gut	gut	weniger gut	nicht gut
1. Inhalt				
Meine **Überschrift** besteht nur aus einem Nomen und Artikel.				
Ich habe **Fachbegriffe** verwendet.				
Ich habe für meinen Text **sinnvolle Oberbegriffe** gewählt.				
Ich habe zu **jedem Oberbegriff** etwas aufgeschrieben.				
Ich habe **wichtige Fakten** genannt (Größe, Alter, Gewicht …).				
2. Sprachliche Gestaltung				
Ich habe in klar **abgegrenzten Sätzen** geschrieben (Satzzeichen).				
Ich habe den Lexikoneintrag in einer **logischen Reihenfolge** geschrieben.				
Ich habe **sachlich** und **ohne eigene Meinung** geschrieben.				
Ich habe **passende, abwechslungsreiche Satzanfänge** verwendet.				
Ich habe **keine ausschmückenden Wörter** verwendet.				
3. Äußere Form				
Ich habe auf die **Rechtschreibung** geachtet (Wörterbuch).				
Ich habe den Text **gut lesbar** und **sauber** aufgeschrieben.				

Darauf muss ich beim nächsten Mal achten: ....

....

....

Abb.: Anja Boretzki

Schreibkonferenz „Lexikoneintrag"

1. **Lies deinen Lexikoneintrag in der Schreibkonferenz vor. Deine Mitschüler hören aufmerksam zu.**
2. **Besprecht die Kontrollfragen und bewertet den Text gemeinsam.**

Name: ....

Kontrollfragen	*Bewertung* (Sonne)	(Sonne mit Wolke)	(Wolke)	(Regenwolke)
Besteht meine **Überschrift** nur aus einem Nomen und Artikel?				
Habe ich **Fachbegriffe** verwendet?				
Habe ich für meinen Text **sinnvolle Oberbegriffe** gewählt?				
Habe ich zu **jedem Oberbegriff** etwas aufgeschrieben?				
Habe ich **wichtige Fakten** genannt (Größe, Alter, Gewicht …)?				
Habe ich den Lexikoneintrag in einer **logischen Reihenfolge** geschrieben?				
Habe ich **sachlich** und **ohne eigene Meinung** geschrieben?				
Habe ich **passende, abwechslungsreiche Satzanfänge** verwendet?				
Habe ich **keine ausschmückenden Wörter** verwendet?				

3. **Schreibe hier die Tipps auf, die du von deinen Mitschülern erhalten hast.**

....

....

....

....

Abb.: Anja Boretzki

Klassenarbeit „Lexikoneintrag"

Name:

Datum:

1. Lies den Steckbrief und schreibe die passenden Oberbegriffe auf die Linien.

2. Schreibe mit Hilfe des Steckbriefs einen Lexikoneintrag.

Der Kiebitz

.... :
- → 28–32 cm großer Vogel
- → 200 g
- → Federkleid Oberseite: schwarz-grün schimmernd, Federkleid Unterseite: schwarzes Brustband
- → abstehendes Federbüschel am Hinterkopf

.... :
- → flache Feuchtwiesen
- → Moor
- → zwischen Skandinavien und Afrika verbreitet

.... :
- → Insekten
- → Regenwürmer
- → Früchte
- → Samen

.... :
- → Nester aus Gras, in Mulde auf Boden
- → Weibchen legt vier Eier
- → Jungen schlüpfen nach vier Wochen
- → können nach vier bis fünf Wochen fliegen

.... :
- → stark gefährdete Vogelart
- → wurde aus Lebensraum vertrieben
- → Schutz durch Menschen: Wiederherstellung von Feuchtwiesen

Rahmen: © Verlag an der Ruhr; Kiebitz: © mdalla – Fotolia.com; Schwein: Anja Boretzki
© Verlag an der Ruhr | Autorinnen: R. Dransmann, S. Sölter | ISBN 978-3-8346-3583-9 | www.verlagruhr.de

Beurteilungsbogen „Lexikoneintrag"

Name: ....

Kriterien	*Bewertung* ☀	⛅	☁	🌧
1. Inhalt				
Deine **Überschrift** besteht nur aus einem Nomen und Artikel.				
Du hast **Fachbegriffe** verwendet.				
Du hast für deinen Text **sinnvolle Oberbegriffe** gewählt.				
Du hast zu **jedem Oberbegriff** etwas aufgeschrieben.				
Du hast **wichtige Fakten** genannt (Größe, Alter, Gewicht …).				
2. Sprachliche Gestaltung				
Du hast in klar **abgegrenzten Sätzen** geschrieben (Satzzeichen).				
Du hast den Lexikoneintrag in einer **logischen Reihenfolge** geschrieben.				
Du hast **sachlich** und **ohne eigene Meinung** geschrieben.				
Du hast **passende, abwechslungsreiche Satzanfänge** verwendet.				
Du hast **keine ausschmückenden Wörter** verwendet.				
3. Äußere Form				
Du hast auf die **Rechtschreibung** geachtet.				
Du hast den Text **gut lesbar** und **sauber** aufgeschrieben.				

Gesamtnote: ☐

....
Datum, Unterschrift Lehrkraft

....
Datum, Unterschrift Erziehungsberechtigte

Abb.: Anja Boretzki

Zeitungs-bericht

Abb.: Anja Boretzki

Gelungen oder nicht?

1. Lies die beiden Berichte aus der Schülerzeitung.

A

Das Grundschul-Fußballturnier

Weinheim. Am vergangenen Mittwoch fand in der Turnhalle der Grundschule Regenbogen ein Fußball-turnier mehrerer Grundschulen statt. Die Grundschule Sonnenschein reiste mit dem Bus und zwei Lehrern an. Der Förderverein hatte extra neue Trikots für die Mannschaft bereitgestellt. Obwohl die Grundschule Sonnenschein im ersten Spiel einen Elfmeter vergab und nur mit 1 : 0 am Ende gewinnen konnte, erkämpften die Spieler sich den Gesamtsieg des Turniers. Die anderen Spiele konnten sie souverän mit 2 : 1 (GS Sonnenschein – GS Regenbogen) und 4 : 2 (GS Sonnenschein – GS Im Feld) für sich gewinnen. Bei der Siegerehrung konnte das Team den begehrten Wanderpokal entgegennehmen.
Den zweiten Platz belegte die Grundschule Im Feld und den dritten Platz die Grundschule Regenbogen. Mit großem Jubel wurde die Mannschaft der Grundschule Sonnenschein am frühen Nachmittag von den anderen Kindern und Lehrern der Schule empfangen.

B

Das beste Fußballturnier

Vor einiger Zeit spielte die Fußballmannschaft unserer Schule (die coolste!) irgendwo bei einem Turnier gegen andere Grundschulen. Die Trikots der anderen Mannschaften sahen total krass aus. Als der Schiri das Spiel anpfiff, riefen die Zuschauer: „Auf geht's! Schießt ein Tor!“ Lange ging das Spiel hin und her und war sehr langweilig. Dann verschoss Dennis auch noch den Elfmeter für unser Team. Nach einem spannenden Vormittag stand der Sieger fest: unsere Grundschule. Wir haben einen total coolen Pokal gewonnen. Ach ja, die Spiele haben wir 1 : 0, 2 : 1 und 4 : 2 gewonnen.

2. Welcher Zeitungsbericht hat dir besser gefallen? Begründe.

....

....

....

....

Abb.: Anja Boretzki

Zeitungsbericht

Schlagzeile

Zeitungsbericht

Ortsangabe

Zeitungsbericht

erster Satz

(das Wichtigste in Kürze)

Zeitungsbericht

W-Fragen

(Wann? Wo? Wer? Was ist passiert?
Wie/Warum? Welche Folgen?)

Zeitungsbericht

Reihenfolge

Tafelkarten

Zeitungsbericht

nur wichtige Infos

Zeitungsbericht

sachlich beschreiben

Zeitungsbericht

keine eigene Meinung

Zeitungsbericht

keine wörtliche Rede

(außer Zitat)

Hosentaschen-Buch

Mein Hosentaschen-Buch

Zeitungsbericht

Name: ....

W-Fragen

Beantworte in deinem Zeitungsbericht folgende W-Fragen:

- **Wann** passierte es?
- **Wo** passierte es?
- **Wer** war beteiligt?
- **Was** ist passiert?
- **Wie/Warum** ist es passiert?
- **Was** sind die Folgen?

Schlagzeile

Deine Überschrift sollte **kurz** und **sachlich** sein.

Beispiele:

- *Fußgänger leicht verletzt*
- ~~*Timo wurde auf der Straße von einem fiesen Autofahrer angefahren.*~~

Einleitung

Beschreibe in 1–2 Sätzen, was passiert ist: **„Wann?“**, **„Wer?“**, **„Was ist passiert?“** Der Ort (Wo?) steht am Anfang und wird mit einem Punkt abgetrennt.

Beispiel:
Bonn. Bei einem Verkehrsunfall auf der B1 wurde gestern ein Radfahrer von einer PKW-Fahrerin angefahren.

Hauptteil

Beschreibe, **wie** und **warum** etwas geschehen ist. Lasse überflüssige Informationen weg.

Schluss

Beschreibe die **Folgen**.

Beispiel:
Der Verletzte wurde ins Krankenhaus gebracht. Es entstand ein Sachschaden in Höhe von 3 500 €.

Abwechslungsreiche Satzanfänge

Am … (Wochentag), Gestern … (Tageszeit), Nachdem …, Die Polizei …, Nicht auszuschließen ist …, Daraufhin …, Die weiteren Ermittlungen …

Nützliche Verben

liegen, stürzen, bremsen, einbiegen, alarmieren, stoßen, beobachten, gehen, fahren, rasen, an etwas schuld sein, übersehen, ereignen, bringen, verletzen, entsetzt/geschockt sein

Nützliche Adjektive

schwer, leicht, schnell, langsam, unvorsichtig

Allgemeine Tipps

- Schreibe sachlich.
- Verwende keine Umgangssprache.
- Vermeide eigene Meinung/Gefühle.
- Beantworte die W-Fragen.
- Vermeide wörtliche Rede, außer kurzes Zitat (Polizei, Zeuge).

Abb.: Anja Boretzki

Abb.: Anja Boretzki

Aufbau eines Zeitungsberichtes

Ein Zeitungsbericht informiert den Leser **kurz** und **sachlich** über die neuesten **Nachrichten**.
Die Berichte sind immer ähnlich aufgebaut.

1. Lies den Zeitungsbericht.

**2. Ordne die Begriffe dem Text richtig zu.
Markiere die Textteile mit unterschiedlichen Farben.**

Folgen und Auswirkungen – Schlagzeile – Ort – das Wichtigste in Kürze – genaue Erklärungen

....

Motorradunfall in der Schillerstraße

Frankfurt. Am Dienstag ereignete sich in der Schillerstraße ein Unfall zwischen einem 57-jährigen PKW-Fahrer und einem 32-jährigen Motorrad-Fahrer.

Der PKW war gegen 11:00 Uhr in Frankfurt auf der Schillerstraße mit überhöhter Geschwindigkeit in Richtung Offenbach unterwegs. An der Ampel zur Ahornallee kam er nicht mehr rechtzeitig zum Stehen und überfuhr die Haltelinie. Der Fahrer eines von rechts kommenden Motorrads konnte trotz Vollbremsung den Zusammenstoß nicht mehr verhindern.

Der Motorrad-Fahrer kam mit Schürfwunden, einer Gehirnerschütterung sowie einer Platzwunde ins nächstgelegene Krankenhaus. Den Sachschaden schätzt die Polizei auf 12 000 €.

....
....

....
....

....
....

....
....

© Verlag an der Ruhr | Autorinnen: R. Dransmann, S. Sölter | ISBN 978-3-8346-3583-9 | www.verlagruhr.de

Die Schlagzeile

Schreibe über jeden Zeitungsbericht die passende Schlagzeile.
Achtung: Zu einem Zeitungsbericht musst du dir eine eigene Schlagzeile ausdenken.

??? **Mädchen überlebt Sturz von Balkon**

Rentner überwältigt Einbrecher

....

Freiburg. Ein 4-jähriges Mädchen hat am gestrigen Vormittag einen Balkonsturz leicht verletzt überlebt. Nach Angaben der Polizei fiel das Kind aus dem ersten Stock eines Hochhauses. Der Aufprall wurde durch einen Busch, der sich unter dem Balkon befand, abgefangen. Das Mädchen hat Schürfwunden und einen gebrochenen Arm erlitten. Anscheinend war das Kind beim Spielen über das Balkongitter geklettert. Der Rettungsdienst berichtete, dass es ein Wunder sei, dass nicht mehr passiert ist.

....

Gütersloh. Beim Spiel mit Feuerwerkskörpern wurden am Samstag drei Kinder verletzt. Die Jungen im Alter von 10–12 Jahren hatten zuvor in einer Garage ein paar China-Böller gefunden, diese angezündet und in eine Glasflasche gesteckt. Bei der Explosion verletzten sich die Kinder durch umherfliegende Glassplitter. Nach Angaben des Krankenhauses erlitten sie Schnittwunden an den Armen und teilweise im Gesicht. Die Kinder müssen zur Beobachtung drei Tage im Krankenhaus bleiben.

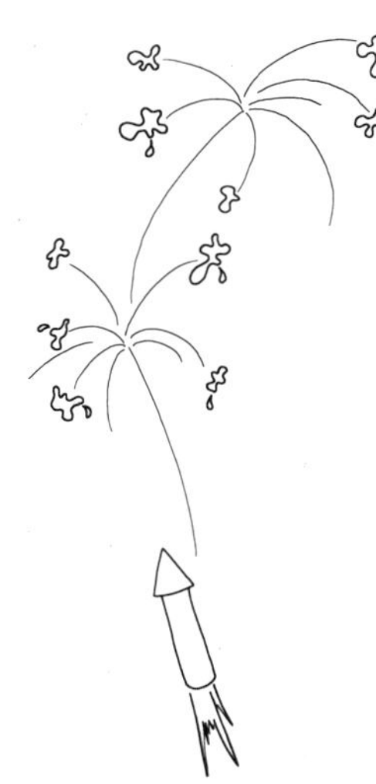

....

Berlin. Am vergangenen Sonntag hat ein Rentner aus Berlin-Neukölln einen Einbrecher überwältigt. Der 68-jährige Mann war in seinem Sessel im Wohnzimmer eingeschlafen und von einem Geräusch geweckt worden. Als er einen schwarz gekleideten Mann entdeckte, griff er nach einem Kerzenständer und überwältigte den Dieb mit einem gezielten Schlag auf den Kopf. Die Polizei nahm den 23-jährigen Täter fest. Ihm droht nun eine 2-jährige Gefängnisstrafe.

Feuerwerk: © Verlag an der Ruhr; Mädchen, Opa: Anja Boretzki

Treffende Verben und Adjektive

1. **Lies den Zeitungsbericht.**
2. **Unterstreiche alle Verben rot und alle Adjektive grün.**

Messe-Schmuckstück nur noch Schrott

Bielefeld. Am vergangenen Sonntag endete eine Probefahrt mit einem Luxus-Sportwagen auf der A2 in der Nähe von Bielefeld mit einem Totalschaden. Eigentlich sollte der 230 000 Euro teure Sportwagen zur großen Automesse nach Duisburg gebracht werden. Während eines Überholvorgangs kam der Wagen ins Schleudern und überschlug sich mehrfach. Der 34-jährige Fahrer erlitt eine leichte Gehirnerschütterung und einen Schock. Zur Unfallursache konnte die Polizei zum jetzigen Zeitpunkt noch keine genauen Angaben machen. Der Schaden beträgt über 150 000 Euro.

3. **Setze die Wörter passend in den Lückentext ein.**
   Achtung: Du musst manche Wörter vorher noch anpassen.

   vorbeifahrend – elektrisch – fahren – wohlbehütet – krank – besorgen – anhalten – erklären – klein – vergangen

5-Jähriger raste los

München. Am .... Freitag ist ein 5-jähriger Junge von der Polizei auf der B7 .... worden. Mit seinem .... Spielzeugauto hatte sich der Junge auf den Weg gemacht, um seinem .... Bruder Halsbonbons aus der Apotheke zu .... Nach 2 km Fahrt wurde er von einem .... Streifenwagen auf der Landstraße entdeckt. Der Junge .... der Polizei den Grund für seine Fahrt. Die Polizei .... mit dem .... Jungen zur Apotheke und brachte ihn anschließend .... nach Hause zurück.

Abb.: Anja Boretzki

© Verlag an der Ruhr | Autorinnen: R. Dransmann, S. Sölter | ISBN 978-3-8346-3583-9 | www.verlagruhr.de

Sprache im Zeitungsbericht

In einem **Zeitungsbericht** musst du auf eine **sachliche Sprache** achten. Umgangssprache gehört hier nicht hinein.

1. Verbinde die Zeugenaussagen mit dem passenden sachlichen Zeitungsbericht.

Es war ein megaheißer Sonntag. Der Wettkampf war aber trotzdem der Hammer!

Und jetzt halt dich fest: Der kleine Junge schwamm immer schneller und konnte zum Schluss alle abziehen.

Alle Leute jubelten und schrien wie wild. Das war ein Spaß!

Gegen Ende des Rennens konnte der jüngste Teilnehmer doch noch alle anderen in einem packenden Schlussspurt überholen.

Letzten Sonntag fand bei strahlendem Sonnenschein und 28°C ein Schwimmwettkampf im Büttelsbacher Freibad statt.

Die Zuschauer waren begeistert und feierten den jungen Sieger.

2. Übersetze die Zeugenaussagen in Berichtssprache.

Bäng! Mit dem knallenden Startschuss sprangen alle Teilnehmer wie die Irren ins Wasser.

....

....

....

....

Der jüngste Teilnehmer – ich glaube, der war erst acht Jahre oder so – hing wie ein lahmer Fisch die ganze Zeit hinten.

....

....

....

W-Fragen

Ein **Zeitungsbericht** informiert **kurz und sachlich** über ein Ereignis. Dabei beantwortet der Reporter die **W-Fragen**, um in seinem Zeitungsbericht den Leser so genau wie möglich zu informieren.

Achtung: Bei manchen Berichten kommen nicht immer alle W-Fragen vor!

Wer?
Wo?
Wann?
Was ist passiert?
Wie/Warum?
Welche Folgen?

1. **Schneide aus der Zeitung einen Kurzbericht deiner Wahl aus und klebe ihn in den Kasten.**
2. **Unterstreiche die Antworten auf die W-Fragen in unterschiedlichen Farben.**

3. **Lies deinen Zeitungsbericht einem Partner vor. Erkläre ihm, welcher Textteil zu welcher W-Frage gehört.**

W-Fragen

1. Lies den Zeitungsbericht.

LKW verursacht Straßensperrung

Hamburg. Am Montag, den 23. Januar, ereignete sich in der Stiftstraße/Ecke Badstraße ein LKW-Unfall, weshalb die Straße für drei Stunden gesperrt wurde. Ein mit Getränkekisten beladener LKW des Getränkehändlers Reichenbach befuhr gegen 7:30 Uhr die Stiftstraße in Richtung Innenstadt. An der Kreuzung zur Badstraße verlor der Fahrer die Kontrolle über das Fahrzeug. Der LKW kippte zur Seite und verlor dabei seine Ladung Getränkekisten, deren Flaschen auf der Straße zerbrachen. Der Augenzeuge Hugo Müller gab bei der Polizei an, dass die Fahrbahn vereist gewesen sei. Der Fahrer des LKW berichtete außerdem, dass er selbst etwas übermüdet gewesen sei. Er wurde mit leichten Verletzungen ins Marien-Krankenhaus gebracht. Die Polizei musste die Kreuzung für drei Stunden sperren, bis die Fahrbahn wieder frei war. Es entstand ein Sachschaden in Höhe von 100 000 Euro.

2. Beantworte die W-Fragen. Schreibe in Stichpunkten.

Wer? ....

Wo? ....

Wann? ....

Was ist passiert? ....

....

Wie/Warum? ....

....

Welche Folgen? ....

....

Zeitungsstapel: © neirfy – Fotolia.com

Vom Interview zum Zeitungsbericht

Die Arbeit eines Reporters ist es, **Zeugen** zu **befragen** und mit Hilfe ihrer Aussagen einen Zeitungsbericht zu schreiben. Die **W-Fragen** helfen ihm dabei, sein **Interview** zu strukturieren.

1. Lies das Interview über den Ausbruch einer Schweineherde in dem Dorf Schönhausen.

Reporter: Was ist genau passiert?

Zeuge: Als ich aus dem Fenster schaute, standen plötzlich zwölf Schweine in meinem Vorgarten und zertrampelten meine schönen Tulpen. Bei meinem Nachbarn badeten zwei weitere Schweine im Teich.

Reporter: Wann haben Sie den Vorfall bemerkt?

Zeuge: Heute Morgen, als ich mit meiner Frau am Frühstückstisch saß. Ich wollte gerade die Zeitung lesen, da hörte ich plötzlich ein Grunzen.

Reporter: Woher kamen die Schweine?

Zeuge: Die müssen bei Bauer Weiland ausgebrochen sein. Ich habe ihm schon immer gesagt, dass er den Zaun erneuern muss. Der wohnt direkt nebenan in der Tümpelgasse 8.

Reporter: Welchen Schaden haben die Schweine angerichtet?

Zeuge: Die Schweine haben meine Tulpen zertrampelt. Außerdem haben sie einige Tontöpfe zerbrochen und meine Hecke beschädigt.

Reporter: Was haben Sie dann gemacht?

Zeuge: Ich habe meine Nachbarn und die Feuerwehr angerufen. Gemeinsam schafften wir es, die Schweine auf eine nahgelegene Weide zu treiben und wieder einzusperren.

Reporter: Wer kommt für den entstandenen Schaden auf?

Zeuge: Die Feuerwehr hat mittlerweile mit Bauer Weiland Kontakt aufgenommen. Wenn ihm die Schweine gehören, dann haben wir Glück und die Versicherung von ihm übernimmt die Kosten von etwa 800 Euro.

2. Schreibe mit Hilfe des Interviews einen Zeitungsbericht. Denke an die W-Fragen.

Wie ein Profi berichten

Wähle eine Vorlage aus und schreibe mit Hilfe der Stichpunkte einen Zeitungsbericht. Denke dabei an die W-Fragen.

- → Dienstag, 4. April 2025, 8:00 Uhr
- → Bonn, Innenstadt
- → junge Frau beim Inlineskaten von PKW angefahren
- → Beinbruch, keine Kopfverletzungen dank Helm
- → junge Frau stolperte beim Inlineskaten und stürzte
- → Autofahrer konnte nicht mehr ausweichen
- → Krankenwagen brachte junge Frau ins Krankenhaus
- → 1 000 Euro Sachschaden

- → Samstag, 12. Januar 2025, 15:00 Uhr
- → Oberstdorf, in den Bergen
- → drei Bergsteiger wollten das Nebelhorn besteigen
- → ein Bergsteiger stürzte auf halber Strecke in Felsspalte
- → Versuch, ihn mit Seil zu retten, scheiterte
- → mit Funkgerät Bergwacht alarmiert
- → Bergwacht befreite Bergsteiger (Rettungshubschrauber, abseilen), Bergsteiger wurde ins Krankenhaus geflogen
- → Schürfwunden, kam mit Schrecken davon
- → Kosten für den Einsatz: 5 500 Euro

- → Samstag, 29. Dezember 2024
- → Starnberger See
- → drei Kinder, 10 Jahre
- → Schlittschuhlaufen auf zugefrorenem See
- → ein Mädchen brach ins Eis ein
- → Augenzeuge eilte mit langem Seil herbei
- → Mädchen konnte mit Seil aus Eisloch gerettet werden
- → Krankenwagen brachte das unterkühlte Kind ins Krankenhaus
- → das machen die Kinder nie wieder

Checkliste „Zeitungsbericht"

Name: ....

Bewertung

Kriterien	sonnig	sonnig/bewölkt	bewölkt	Regen
1. Inhalt				
Meine **Überschrift/Schlagzeile** ist knapp, sachlich und informativ.				
Ich habe am Anfang der ersten Zeile den **Ort** genannt und ihn mit einem **Punkt** vom restlichen Text abgetrennt.				
Ich habe in den ersten **1–2 Sätzen das Wichtigste in Kürze** zusammengefasst.				
Ich habe die **W-Fragen** beantwortet (Wo? Wann? Wer? Was ist passiert? Wie/Warum? Welche Folgen?).				
2. Sprachliche Gestaltung				
Ich habe in klar **abgegrenzten Sätzen** geschrieben (Satzzeichen).				
Ich habe den Zeitungsbericht in einer **logischen Reihenfolge** geschrieben.				
Ich habe den Zeitungsbericht **sachlich** und **ohne eigene Meinung** geschrieben.				
Ich habe **keine wörtliche Rede** verwendet.				
3. Äußere Form				
Ich habe auf die **Rechtschreibung** geachtet (Wörterbuch).				
Ich habe den Text **gut lesbar** und **sauber** aufgeschrieben.				

Darauf muss ich beim nächsten Mal achten: ....

....

....

Abb.: Anja Boretzki

Schreibkonferenz „Zeitungsbericht“

1. **Lies deinen Zeitungsbericht in der Schreibkonferenz vor. Deine Mitschüler hören aufmerksam zu.**
2. **Besprecht die Kontrollfragen und bewertet den Text gemeinsam.**

Name: ....

Kontrollfragen	*Bewertung* ☀	🌤	☁	🌧
Ist meine **Überschrift/Schlagzeile** knapp, sachlich und informativ?				
Habe ich am Anfang der ersten Zeile den **Ort** genannt und ihn mit einem **Punkt** vom restlichen Text abgetrennt?				
Habe ich in den ersten **1–2 Sätzen das Wichtigste in Kürze** zusammengefasst?				
Habe ich die **W-Fragen** beantwortet (Wo? Wann? Wer? Was ist passiert?Wie/Warum? Welche Folgen?)?				
Habe ich den Zeitungsbericht in einer **logischen Reihenfolge** geschrieben?				
Habe ich den Zeitungsbericht **sachlich** und **ohne eigene Meinung** geschrieben?				
Habe ich **keine wörtliche Rede** verwendet?				

3. **Schreibe hier die Tipps auf, die du von deinen Mitschülern erhalten hast.**

....

....

....

....

....

Abb.: Anja Boretzki

Klassenarbeit „Zeitungsbericht"

Name:

Datum:

1. Lies den Dialog.

2. Unterstreiche, was für den Zeitungsbericht wichtig ist. Denke an die W-Fragen.

3. Schreibe mithilfe des Dialogs einen Zeitungsbericht. Finde eine passende Schlagzeile.

Tom: Hast du schon von dem Unfall mit dem Jungen im Eschweg gehört?

Susi: Nein, wann soll das gewesen sein?

Tom: Gestern Nachmittag.

Susi: Deshalb der Krankenwagen mit Blaulicht … Was ist denn passiert?

Tom: Der Junge ist mit dem Fahrrad aus der Einfahrt von dem roten Haus rausgefahren.

Susi: Ich glaube, den kenne ich. Der fährt da immer wie ein Wahnsinniger raus. Der geht doch zur Gesamtschule hier in Rosenheim, oder?

Tom: Genau. 13 Jahre ist er alt. Stell dir vor: Der Junge hat beim Rausfahren überhaupt nicht geschaut – und ist mit dem Fahrrad in die Beifahrertür eines Kleinwagens gekracht.

Susi: So schlimm wird es schon nicht gewesen sein …

Tom: Von wegen! Den Jungen hat es ganz schön erwischt: Armbruch und eine Gehirnerschütterung. Sie haben ihn gleich ins Krankenhaus gebracht. Zum Glück hat er einen Helm getragen. Aber sein Fahrrad ist nun total verbeult. Da kann man nichts mehr machen.

Susi: Und was war mit dem Auto?

Tom: Da saß eine Frau mit ihrer Tochter drin. Sie wollte die Kleine gerade in den Kindergarten bringen. Beide haben sich total erschreckt, als der Junge plötzlich ins Auto krachte. Ihnen ist zum Glück nichts passiert.

Susi: War das Auto auch verbeult?

Tom: Nur ein bisschen. 400 Euro wird es wohl in der Werkstatt kosten.

Viel Erfolg!

Abb.: Anja Boretzki

Beurteilungsbogen „Zeitungsbericht"

Name: ....

Kriterien	Bewertung: sehr gut	gut	mittel	schlecht
1. Inhalt				
Deine **Überschrift/Schlagzeile** ist knapp, sachlich und informativ.				
Du hast am Anfang der ersten Zeile den **Ort** genannt und ihn mit einem **Punkt** vom restlichen Text abgetrennt.				
Du hast in den ersten **1–2 Sätzen das Wichtigste in Kürze** zusammengefasst.				
Du hast die **W-Fragen** beantwortet (Wo? Wann? Wer? Was ist passiert? Wie/Warum? Welche Folgen?).				
2. Sprachliche Gestaltung				
Du hast in klar **abgegrenzten Sätzen** geschrieben (Satzzeichen).				
Du hast den Zeitungsbericht in einer **logischen Reihenfolge** geschrieben.				
Du hast den Zeitungsbericht **sachlich** und **ohne eigene Meinung** geschrieben.				
Du hast **keine wörtliche Rede** verwendet.				
3. Äußere Form				
Du hast auf die **Rechtschreibung** geachtet.				
Du hast den Text **gut lesbar** und **sauber** aufgeschrieben.				

Gesamtnote: ☐

....
Datum, Unterschrift Lehrkraft

....
Datum, Unterschrift Erziehungsberechtigte

Abb.: Anja Boretzki

© Verlag an der Ruhr | Autorinnen: R. Dransmann, S. Sölter | ISBN 978-3-8346-3583-9 | www.verlagruhr.de

Notizen